D1734421

Flirt oder Liebe

MELROSE PLACE
© Spelling Television Inc.

Dean James

Flirt
oder Liebe

Aus dem Amerikanischen von
Sabine Schülting
(Literatur-Agentur Axel Poldner, München)

Erstveröffentlichung bei: Harper Paperbacks,
A division of Harper Collins Publishers
Titel der amerikanischen Originalausgabe:
Melrose Place. Three's a crowd

Das Buch basiert auf der Fernsehserie „Melrose Place"
von Darren Star.
Die Geschichten dieses Buches basieren auf Geschichten und Drehbüchern
von Darren Star & Frank South & Charles Pratt Jr., Nicole Yorkin & Dawn
Prestwich, Amy Spies und Frank South.

Lizenzausgabe mit freundlicher Genehmigung
Agentur für Urhebernebenrechte GmbH
Merchandising München KG
Kardinal-Faulhaber-Straße 15, 80333 München

Die Deutsche Bibliothek — CIP-Einheitsaufnahme

James, Dean:
Flirt oder Liebe / Dean James. Aus dem Amerikan. von Sabine
Schülting. — 1. Aufl. — Köln : vgs, 1994
(Melrose Place)
Einheitssacht.: Three's a crowd <dt.>
ISBN 3-8025-2289-3

1. Auflage
Copyright © der deutschen Ausgabe:
vgs verlagsgesellschaft, Köln 1994
Übersetzung und Lektorat: Literatur-Agentur Axel Poldner, München
Umschlaggestaltung: Papen Werbeagentur, Köln
Titelfoto: Andrew Semel
Satz: ICS Communikations-Service GmbH, Bergisch Gladbach
Druck: Claussen & Bosse, Leck
Printed in Germany
ISBN 3-8025-2289-3

Inhalt

1

Karrierefrauen

Liebe geht durch den Magen, sagt man. Wenn man in Los Angeles zehn verschiedene Leute fragen würde, würden die allerdings zehn verschiedene Organe empfehlen. Jake Hanson hatte diese Frage einmal spät abends im Shooters, der Stammkneipe vom Melrose Place, gestellt, als nur Männer am Billardtisch herumhingen. Wie kommt man an das Herz einer Frau heran?

„Durch ihre Leber", hatte einer gewitzelt. „Fünf Cocktails, und sie gehört dir."

„Durch den Magen", hatte ein anderer vorgeschlagen. „Um genau zu sein, durch den Bauch — ich habe meine Freundin in einem Bioenergetikkurs kennengelernt."

„Durch ihre Ohren", hatte Jakes Freund Billy versichert. „Als Schriftsteller glaube ich daran, daß man mit den richtigen Worten jede Frau gewinnen kann, auch wenn die exakte Kombination ein reines Glücksspiel ist."

„Eigentlich kommt man am besten an das Herz einer Frau heran, wenn man ihren Brustkorb aufbricht und dann mit dem schärfsten Messer, das man hat, einen Schnitt in ihren Herzbeutel macht — die Oberschenkelarterie tut's auch." Alle hatten den älteren Typ erschrocken angestarrt. „Ist schon in Ordnung", sagte der. „Ich bin Chirurg. Man nennt so was Mediansternotomie."

Es hatte Zeiten in Jakes Vergangenheit gegeben, als es ihm genügte, Frauen nur um der Verführung willen zu verführen; der Siegesrausch, manchmal auch eine qualvolle Niederlage — wobei er mehr Eroberungen als Kapitulationen zu verbuchen hatte — hatten den Reiz des Spiels ausgemacht. Das war einmal. Nun erschien ihm das Leben zu kurz, Sex war sowieso zu gefährlich, und vor allem war er erwachsen geworden und hatte schmerzlich erfahren müssen, daß echte Liebe — und sei es nur für einen einzigen Tag — befriedigender war als bedeutungslose Lust sein Leben lang. Außerdem hatte er jemanden kennengelernt — Jo. Eine Frau, die das Wort *wichtig* auf der Stirn tragen müßte. Er hatte tatsächlich schon einmal eine Frau mit der Tätowierung *wichtig* auf der Stirn am Venice Beach gesehen, mit Rollerskates und in einem Bikini, der nicht einmal eine Barbiepuppe bedeckt hätte. Wichtig war nun, daß Jo — Jo Reynolds aus New York City — für ihn wichtig war, so wichtig wie seit langer Zeit keine Frau mehr. Er wollte es bis zum Schluß auskosten.

„Mhm. Jake, wo hast du so gut kochen gelernt?" Jo schmeckte es ganz offensichtlich. Sie waren bei ihm zu Hause. Er hatte seine Nachbarin Alison darum gebeten, einen Blick auf den Tisch zu werfen, ob er richtig gedeckt wäre. Er hatte sogar eine original italienische Pastaschüssel gekauft, nachdem er Nudeln jahrelang direkt aus dem Sieb auf die Teller verteilt hatte. Wenn er nicht aufpaßte, würde er bei dieser Frau noch richtig häuslich werden, aber im Moment genoß er es.

„Meine einzige Spezialität", sagte er bescheiden. *„Linguini con vongoli.* Oder wie wir in Amerika sagen, Nudeln mit Venusmuscheln. Ich habe das eine Zeitlang jeden Abend gegessen, über Monate."

„Finde ich toll."

Er beobachtete sie, wie sie die restliche Sauce mit einem Stück Brot auftunkte. Er sah ihr gerne beim Essen zu, ihrer Art, die Lippen um einen Löffel oder eine Möhre zu stülpen. Offensichtlich eine Frau mit Appetit, regelrecht ein bißchen gierig . . . Die Vorstellung gefiel ihm. Zumindest war sie keine der Frauen, die nur in ihrem Essen herumstocherten, während sie im Kopf die

Kalorien jeder Erbse oder jedes Karottenscheibchens zusammenrechneten. Sie muß einen gut funktionierenden Stoffwechsel haben, dachte er, denn da war kein Gramm Fett an ihrem Körper, und er hatte eine gründliche Kontrolle vorgenommen — mit den Augen. Manchmal lohnte es sich natürlich, eine Sache genauer zu überprüfen.

„Ist was?" fragte sie.

„Nein. Ich seh' dich nur gerne an."

Sie sah aus, als wollte sie rot werden. Jake stand auf, ging zu ihr herüber und zog sie sanft am Arm zu sich hoch.

„Komm her", sagte er. „Du bist zu weit weg."

„Und was ist mit meinen *Linguini con vongoli*?"

„Warum kannst du die Nudeln nicht hinter dir lassen?" raunte er und zog sie zu sich auf die Couch.

„Vermutlich werden sie genau dort landen", antwortete sie. Sie setzte sich bereitwillig zu ihm und sah ihn mit Augen an, die so tief, so dunkel und so gefährlich waren wie die La-Brea-Teergruben. Er strich ihr rotbraunes Haar zurück und nahm ihren Kopf in seine Hände. Wenn auch ihre Augen sagten: „Ich bin mir nicht so ganz sicher", sagte ihre Körpersprache: „Höre nicht auf meine Augen, du Idiot — nimm mich, wie Elvis Vegas genommen hat." Er küßte sie, und leidenschaftlich erwiderte sie seinen Kuß. Ihre Lippen waren unglaublich weich, hingebungsvoll, sie seufzte genießerisch, dann zog sie ihren Kopf zurück.

„Mein Herz", sagte sie. „Es pocht."

„Mach dir keine Sorgen, der Hausmeister ist Arzt. Medizinische Notfallversorgung ist in der Miete inbegriffen."

„Jake, warte eine Sekunde."

Das waren immer die Worte gewesen, die er am wenigsten mochte. „Was ist denn los?"

Sie schüttelte traurig den Kopf. „Was hier passiert,

macht mir angst", gestand sie ihm. „Ich bin noch nicht soweit."

„Laß dir fünf Minuten Zeit", beruhigte er sie. „Ich laufe nicht weg."

Sie lächelte.

„Das ist nicht das Problem, was?"

Sie schüttelte den Kopf. Er war entschlossen, ihr nicht zu zeigen, wie enttäuscht er war, obwohl ein Teil von ihm sich am liebsten schmollend in die Ecke verzogen hätte. Natürlich verstand er, daß eine Frau auch „NEIN!" meinte, wenn sie nein sagte. Er wollte nur so sehr, daß sie ihn mochte. Bei keiner anderen Frau war das so wichtig gewesen.

„Du verstehst mich doch, oder?" fragte sie.

„Ich glaube. Wie lange brauchst du? Es handelt sich nicht um Minuten, was?"

Sie schüttelte wieder den Kopf. „Ich weiß nicht", sagte sie sanft, während sie ihm das Haar streichelte. „Jake, du bedeutest mir viel, sehr viel. Aber nachdem ich das mit meinem Mann gerade hinter mir habe . . ." Er war manchmal live dabei gewesen, hatte einiges von anderen Leuten vom Melrose Place gehört und sich den Rest zusammengereimt. Ihr Mann war ein Yuppie aus New York City, ein junger, ehrgeiziger Makler aus einer alteingesessenen wohlhabenden Familie. Außerdem war er ein Idiot und ein vollkommener Psychotiker, fand zumindest Jake, daß er sich eine Frau wie Jo durch die Finger gehen ließ.

„Ich brauche Zeit für mich selbst. Ich muß eine Weile allein sein, ohne Beziehung. Du kannst das verstehen, nicht?"

Jake konnte es verstehen, obwohl er normalerweise immer gerade dann eine Traumfrau kennenlernte, wenn er allen Beziehungskisten wieder mal auf ewig abgeschworen hatte. Tatsache war, daß er gerade mit einer Frau Schluß gemacht hatte, als er Jo kennenlernte.

Damals hatte er sich hoch und heilig gelobt, die Liebe erst mal zu vergessen und sich um wichtigere Dinge zu kümmern — um seinen Beruf zum Beispiel. Derzeit war er Mechaniker in einem Motorradgeschäft, und zwar in einem guten, worauf er stolz war, aber irgendwie reichte ihm das nicht. Er hatte sich sogar schon überlegt, in eine andere Stadt zu ziehen und ganz von vorn anzufangen. Eine Beziehung würde da nur stören. Als er Jo kennenlernte, hatte er es sich, wenn auch widerwillig, anders überlegt. Vielleicht würde auch Jo es sich anders überlegen. „Ich glaube, ich habe keine große Wahl", sagte er. Er strich ihr noch mal durchs Haar.

„Das bedeutet nicht, daß ich nicht mit dir zusammensein und was unternehmen will . . . es ist nur so, daß, na ja, du weißt schon . . ."

„Jo, ist schon in Ordnung. Ich hab's kapiert." Er versuchte, lässig zu wirken. Es hatte keinen Sinn, zu streiten, zu jammern oder auf die Knie zu fallen und zu bitten und zu betteln. Das hatte nichts mit Machoverhalten zu tun, obwohl er Leute kannte, die ihn für einen Macho hielten. Motorradfahrer hatten eben ihren Ruf weg. Es hatte mehr was mit Überzeugung zu tun — du kannst eine Frau nicht dazu überreden, dich zu mögen, zu begehren oder zu lieben. Er mußte ihr einfach beweisen, was für ein liebenswerter Typ er war. Er stand auf und ging in die Küche. „Wie wär's mit 'nem Kaffee?" fragte er.

Sie schaute ihn an. Sie sah aus, als hätte sie noch eine ganze Menge zu sagen, würde dies aber nicht für den richtigen Zeitpunkt halten. Er hoffte, daß, wenn sie es sagen würde, es auch das wäre, was er hören wollte.

„Gerne", sagte sie. „Und, Jake . . ."

„Ja?"

„Danke. Ich finde, du bist toll. Du bist so verständnisvoll. Ich bin nicht immer so . . . abweisend."

11

„Darauf wette ich", sagte er. Guter alter, verständnisvoller Jake. Guter alter Jake, der für dieses Warte-eine-Minute-ich-bin-noch-nicht-so-weit-laß-es-uns-bloß-nicht-überstürzen-bis-Bald immer Verständnis hatte. Sein Glück, daß er so was schon vorher erlebt hatte. Er konnte nicht sagen, daß er es nicht hatte kommen sehen. Manchmal mußte es wohl so sein. Wie kam man denn nun an das Herz einer Frau heran?

„Mit Sahne, wenn du welche hast", rief sie ihm zu. „Sonst ist Milch auch in Ordnung."

In den Werbespots im Fernsehen war Kaffee manchmal der Schlüssel zum Erfolg. Er öffnete den Schrank.

Er hatte keinen Kaffee mehr.

Bei der D&D Werbeagentur starrte Alison Parker vor sich hin, träumte davon, ihren Kühlschrank abzutauen, überlegte, ob sie das Bügeleisen angelassen hatte und ob Billy schlau genug sein würde, es zu bemerken und es auszustellen. Sie sinnierte darüber nach, ob sie sich wohl jemals richtig verlieben würde, in einen unglaublich faszinierenden und erfolgreichen Mann, mit dem sie dann in eine Villa ziehen, perfekte Kinder und Dienstboten haben würde und in einem Privatjet rund um die Welt fliegen könnte. Sie träumte davon, auf Parties in Paris zu gehen, wo dunkelhaarige Typen namens Ivor oder Gustav, Prinzen aus einem unbedeutenden, verstaubten europäischen Königsgeschlecht, ihr Champagner einschenkten und versuchen würden, sie zu einer kurzen, leidenschaftlichen Affäre zu verführen.

Ihr Tagtraum wurde jäh unterbrochen, als Lucy Cabot, die Seniorchefin der Kundenabteilung und eine Vorgesetzte von Alison, vor ihrem Schreibtisch erschien und sie zu einem Gespräch in ihrem Büro bat.

Alison schreckte hoch, nicht gerade begeistert darüber, beim Träumen erwischt worden zu sein, und dann auch noch von einer ihrer Vorgesetzten, und ausgerechnet von Lucy. Vor nicht allzu langer Zeit war Alison in einen Typ namens Keith verliebt gewesen, einen Aktivisten aus der Umweltschutzbewegung, den sie auf der Straße kennengelernt hatte. Ein Mann mit überwältigendem Charme — sie hatte so hoch in den Wolken geschwebt, daß sie beinahe gefeuert worden wäre. Aber das war jetzt alles Vergangenheit. Lucy war genau so, wie Alison immer sein wollte — erfolgreich, auf der Karriereleiter ganz oben, selbständig, kreativ, und man respektierte sie. Manchmal schien es so, als ob sie für all das einen hohen Preis bezahlen mußte, aber wenn dem so war, war Alison bereit dazu. Jedenfalls folgte sie Lucy mit einem Anflug von Beklommenheit zu deren Büro. Irgend etwas verunsicherte sie immer, wenn sie mit Autoritätspersonen konfrontiert wurde, vielleicht hatte das etwas mit ihrem strengen Vater zu tun. Sie mußte daran arbeiten.

Lucys Büro war schlicht und aufgeräumt, in weichen Grautönen gehalten, ein wenig spartanisch. Alison wußte, daß das genau Lucys Geschmack entsprach.

„Nehmen Sie Platz, Alison", sagte die Ältere in einem geschäftsmäßigen Ton. Etwas in ihrer Stimme oder die Tatsache, daß sie ihr keinen Kaffee angeboten hatte oder offensichtlich nicht willens war, das Gespräch mit ein wenig Smalltalk zu beginnen, ließ Alison das Schlimmste befürchten. Was hatte sie falsch gemacht? Wie lange hatte sie schon Löcher in die Luft gestarrt? Kannte sie eigentlich irgendeinen guten Anwalt? Lucy schien tief in Gedanken versunken.

„Lucy", fragte Alison. „Ist irgendwas schiefgelaufen?"

„Wie Sie sicher wissen, mußten wir uns in der letzten Woche von Tobey Callow trennen."

Alison nickte nervös. Sie hatte Tobey Callow nicht besonders gut gekannt, aber hielt ihn für einen anständigen Typen, wenn auch ein bißchen schüchtern für einen Werbefachmann.

„Ich wurde gebeten, einen Ersatz zu finden. Und ich habe Sie empfohlen."

Alison schluckte mehrmals. Vielleicht war es ganz gut, immer das Schlimmste zu erwarten — wenn dann etwas derart Tolles passiert, haut es einen nicht völlig um. „Mich?"

„Es handelt sich um eine Assistenzstelle in der Kundenbetreuung", sagte Lucy und kam damit gleich zur Sache. „Die Bezahlung ist zunächst nicht wesentlich besser als das, was Sie im Moment bekommen, aber Sie haben bessere Aufstiegschancen. Sie wären ein Verbindungsglied zwischen den Kreativen und dem Kunden und würden mich in allen Phasen der Kampagne unterstützen."

„Lucy, das ist ja unglaublich!" rief Alison aus. Sie hätte die Frau am liebsten umarmt, obwohl sie sich nicht vorstellen konnte, daß Lucy irgend jemanden umarmen würde. „Wann könnte ich anfangen?"

„Anfangen?" Lucy lachte in sich hinein. „Sie haben es bereits hinter sich. Tut mir leid. Dies ist eine Feuerprobe, Alison. Unser Fotograf für die Maximum-Advantage-Kampagne ist zusammengeklappt und an einem Herzinfarkt gestorben — mit 28 Jahren. Sie verstehen, um was es geht? Nun müssen wir uns einen neuen suchen, den wir bezahlen können und mit dem der Kunde zufrieden ist, und haben dafür genau bis morgen Zeit." Lucy drückte auf den Knopf ihrer Sprechanlage. „Könnten Sie Amanda Woodward zu uns hereinbitten?"

Alison träumte davon, eines Tages den Knopf ihrer eigenen Sprechanlage zu drücken und Leute herein oder hinaus zu beordern.

„Amanda hat die künstlerische Leitung der Maximum-Advantage-Kampagne", fuhr Lucy fort. „Sie werden mit ihr zusammenarbeiten." Sie gab Alison eine Ausgabe der Zeitschrift *Center Court*, auf deren Titelbild ein junger Mann in Tennisshorts abgebildet war.

Alison versuchte, sich daran zu erinnern, wo sie ihn schon mal gesehen hatte. Ach ja — in ihrem Tagtraum, er war der Prinz aus dem unbedeutenden, verstaubten europäischen Königsgeschlecht, der ihr Champagner einschenkte und versuchte, sie zu einer kurzen, leidenschaftlichen Affäre zu verführen.

„Sie haben von Rex Weldon gehört?" fragte Lucy.

„Ist er das?"

„Er ist der Star in der Maximum-Advantage-Kampagne, und wir müssen sofort mit ein paar Aufnahmen loslegen. Es geht um Unterwäsche für Frauen und für Männer, aber wir fangen mit den Männern an." Lucy machte eine Pause, drückte mit dem Daumen auf einen Punkt zwischen ihren Augenbrauen und schloß die Augen, wie Alison es oftmals bei ihr beobachtet hatte, wenn sie Streß hatte. „Vorausgesetzt, wir finden einen Fotografen."

In dem Moment kam eine junge Frau herein. Sie war ungefähr in Alisons Alter, auf eine burschikose Art attraktiv, wenn der erste Eindruck stimmte, auf den Alison eigentlich nicht zu viel Wert legen wollte. Die junge Frau trug einen engen, kurzen Rock und eine Bluse, die Alison in einer Werbeanzeige der *Elle* gesehen hatte. Sie hatte wundervolles blondes Haar und die Sorte blauer Augen, auf die die meisten Männer aus Alisons Bekanntenkreis — genaugenommen *alle* Männer aus ihrem Bekanntenkreis — unglaublich standen. Sie lächelte Alison an.

„. . . wir müssen Ersatz finden, aber pronto, pronto, und für morgen einen Fototermin vereinbaren", schloß Lucy. „Alison, Sie kennen Amanda doch, nicht wahr?"

„Natürlich", antwortete Alison, obwohl sie nicht mehr als ein paar Worte in der Kantine miteinander gewechselt hatten — herzliche Worte, aber es war nie zu einem richtigen Gespräch gekommen. „Hallo, Amanda."

„Warum stellen Sie Alison nicht dem Rest der Abteilung vor?" schlug Lucy Amanda vor. Sie wollte gerade den Raum verlassen, aber Alison hielt sie zurück:

„Lucy, ich wollte nur noch sagen . . . Es hat mir die Sprache verschlagen. Ich weiß nicht, was ich sagen soll."

„Lassen Sie mich nur nicht hängen", erwiderte Lucy lächelnd. Sie schien nervös, aber das wäre wohl jeder gewesen, der einem noch unbeschriebenen Blatt eine solch hohe Verantwortung übertragen hätte.

Alison störte es nicht. Sie wußte, daß sie die Aufgabe meistern konnte. Sie schämte sich nicht, sich einzugestehen, daß sie auf rosa Wolken schwebte. Einige Leute fallen aus diesen Höhen auch wieder auf die Erde hinab, überlegte sie. Aber andere lernen zu fliegen.

Nach Rhonda Blairs Meinung war Terrence Haggard der tollste Typ, der jemals gelebt hatte, was auch der Grund war, warum sie ihn heiraten würde, aber die Tatsache, daß er zudem noch der Besitzer eines *der* Hip-Restaurants von Los Angeles war, war erste Sahne. Es war eigentlich mehr als erste Sahne — es war wie eine dieser exquisiten Kreationen französischer Küchenchefs. Außerdem würde er als Restaurantbesitzer nicht erwarten, daß sie für ihn kochte, wenn sie erst einmal verheiratet wären — ebenfalls ein Pluspunkt. Was Kochen anbetraf, sie konnte Hot Dogs fabrizieren, und das war es auch schon. Okay, das letzte Mal, als sie Hot Dogs machen wollte, klingelte das Telefon, und sie wurde in ein Gespräch mit ihrer ehemaligen Mitbewohnerin Sandy verwickelt, so daß das Wasser verkochte und sowohl die Hot Dogs als auch der Topf hin waren. Sei's drum. Sie war eben nicht gerade ein As in der

Küche. Andererseits — in der Küche seines Restaurants war sie schon am rechten Platz, vor allem, wenn ihr Verlobter ihr ein Stück Kuchen zum Probieren brachte. Sie nahm es ihm aus den Händen und ließ es im Munde zergehen. Er grinste, als sie genießerisch die Augen verdrehte.

„O Gott", sagte sie zwischen zwei Bissen, „das ist sogar besser als Sex."

Er sah verletzt aus.

„Ich meine, es ist nicht besser als Sex mit dir, aber es ist besser als der Sex mit all den anderen Typen, die . . ."

Er sah noch verletzter aus.

„Nicht, daß es so viele waren . . . Ich meine, es ist besser, als ich mir Sex vorgestellt hätte — nicht, daß ich mir jemals darüber Gedanken mache, wie Sex mit anderen Männern sein könnte, weil ich nicht . . . o Gott, hilf mir hier raus, ja? Ich schaufel' mir gerade mein eigenes Grab."

„Ich bin froh, daß dir der Kuchen schmeckt", sagte er schließlich mit einem breiten Grinsen. „Normalerweise muß er nicht als Fettnäpfchen herhalten. André ist ein sehr begabter Konditor. Ich möchte, daß er unseren Hochzeitskuchen backt." Er küßte sie auf die Nasenspitze.

Sie sah ihn an. „Terrence, ich glaube, meine Ma will unseren Hochzeitskuchen backen . . . als ihr Hochzeitsgeschenk, verstehst du?"

Er lachte. „Du meinst, sie will ihn selbst backen?" Rhonda nickte. „Für zweihundert Personen?"

„Wie kommst du eigentlich auf zweihundert Personen?" fragte sie. „Ich habe meinen Eltern erzählt, daß wir in kleinem Kreis feiern wollen. Zweihundert ist nicht gerade ein kleiner Kreis."

„Baby", sagte Terrence. Er war der erste Mann, dem Rhonda erlaubt hatte, sie Baby zu nennen. Kaum zu glauben, wie sehr sie es mochte. „Ich denke, wir müssen jetzt entscheiden, wie sehr wir unsere Eltern an der Sache beteiligen. Wenn ich es zulassen würde, würde meine Mutter auch kommen und versuchen, alles an sich zu reißen."

„Meine Mutter kommt nächste Woche, um zu helfen und nicht um alles an sich zu reißen", bemerkte Rhonda beleidigt.

„Baby, ich möchte, daß es bei unserer Hochzeit um uns geht", besänftigte er. „Nicht um die Vorstellungen, die unsere Eltern von uns haben. Ich möchte auf einem Teppich von weißen Rosen den Mittelgang in der Kirche entlang gehen, auch wenn meine Mutter der Ansicht ist, das sei unpraktisch. Wenn du das auch willst, ist es abgemachte Sache. Das wird der aufregendste Tag meines Lebens. Ich werde es nicht zulassen, daß irgend jemand ihn kaputtmacht." Er küßte sie noch einmal. Es war immer noch eigenartig — faszinierend und eigenartig zugleich —, wenn er *wir* sagte, fast schien es so, als wären sie bereits verheiratet. Jemand hatte einmal gesagt, mit dem Entschluß zur Heirat würde die Ehe bereits beginnen und daß die Hochzeit das erste gemeinsame Projekt sei, das man als Paar anginge. Ihr gefiel die Vorstellung, obwohl sie zugeben mußte, daß die ganze Sache sie langsam nervös machte. Ein bißchen jedenfalls. Das war ja auch ganz normal.

„Du hast recht. Es ist unser Tag."

„Was hältst du dann von weißen Rosen?" fragte er.

Sie lächelte. „Ist mir egal", antwortete sie. „Ich werde sowieso wie auf Wolken schweben."

Alison stand mit beiden Füßen fest auf dem Boden, aber sie konnte sich eines leichten Schwindelgefühls nicht erwehren, als Amanda sie zu ihrem eigenen Büro begleitete. Nun brauchte sie nicht mehr am Empfang zu sitzen, Telefongespräche zu vermitteln, Lieferscheine für den United Parcel Service oder die Expresszustellung zu unterschreiben und alle anderen zu ihren Büros gehen zu sehen. Amanda drückte eine Schwingtür auf und führte Alison in einen großen Raum, der in ein Wirrwarr von einzelnen Kabinen unterteilt war. Alison erwartete fast, weiße Ratten zu sehen, die in diesem Chaos mit Hilfe von Elektroden, die an ihren rasierten Schläfen befestigt waren, dirigiert wurden.

„Herzlich willkommen in der Schlangengrube", sagte Amanda. „Achte auf die fehlenden Fenster. Es ist nur zu unserem Schutz. Eines schönen Tages wäre es nur zu verlockend."

Alison lachte. „Ich kann es immer noch nicht glauben, daß ich jetzt mein eigenes Büro habe."

„Es entspricht wohl eher einem Käfig in einer Massentierhaltung", entgegnete Amanda.

Alison hatte davon gehört, daß dort ein Käfig über den anderen gestapelt wurde, so daß die in den unteren den ganzen Dreck aus den oberen Käfigen abkriegten. Vielleicht eine ganz passende Metapher. Und sie fing unten an. Amanda zeigte auf eine kleine Kabine neben ihrer eigenen, nicht mehr als drei mal drei Meter groß. „Klein, aber dein. Laß dich nicht daran hindern, es neu zu dekorieren."

Alison sah ein Standfoto von Rex Weldon, dem Tennis-Werbestar, an einer Pinnwand in Amandas Kabine hängen. „Ich stelle fest, daß du es dir richtig nett gemacht hast."

„Der hängt da nicht zu meinem Privatvergnügen", sagte Amanda. „Es entspannt die Augen, wenn man zu lange am Computer gearbeitet hat."

„Hast du ihn schon mal getroffen? Rex Weldon?"

„Einmal", antwortete Amanda. „Auf einer Sitzung."

„Wie ist er?"

„Ich gebe mir Mühe, nicht zu oft daran zu denken, wie göttlich er ist. Es lenkt zu sehr ab."

„Er ist es tatsächlich, nicht?"

„Aber wir sind Profis, nicht wahr, Alison? Wir können damit umgehen." Amanda setzte sich auf ihren Stuhl und drehte sich, um ihre neue Kollegin anzusehen. „Übrigens schadest du dir nur selbst, wenn du dich mit einem Kunden einläßt. Geht die Beziehung in die Brüche, sind wir den Kunden meistens los. Und dann kann es dir wie Tobey Callow gehen."

„O je, das war's also?" fragte Alison. Sie überlegte. Soweit sie gehört hatte, hatte Tobey gute Arbeit geleistet. Das war das einzige, was ihr an der Arbeit in einem großen Unternehmen nicht gefiel, die Gefahr, daß man durch das Netz hindurchfallen konnte, wenn man was Falsches sagte oder jemandem auf die Füße trat oder jemanden beleidigte, ohne es zu merken, und dann gehen mußte, ohne daß irgend jemand einen vermißte.

„Sofern man der Gerüchteküche glauben kann", sagte Amanda und stand wieder auf. „Hör zu, ich gehe ins Archiv und lass' mir ein paar Mappen geben. Wir können sie nach dem Mittagessen durchgehen. Wir müssen uns schleunigst um die Sache mit dem Fotografen kümmern. Lucy ist eine tolle Vorgesetzte, aber sie erwartet von dir, daß du bis zum Umfallen schuftest. Sie macht es auch."

„Ich werde hier sein", versprach Alison.

Nachdem Amanda gegangen war, setzte sich Alison an ihren Schreibtisch. Es war ein bescheidener Schreibtisch, eigentlich viel kleiner und schmaler als der Schreibtisch am Empfang, an dem sie bisher gesessen hatte. Aber es war ihr eigener Schreibtisch. Sie konnte in die Schubladen packen, was sie nur wollte. Sie konnte einen Gary-Larson-Cartoon an die Pinnwand heften, ohne daß irgend jemand es verbieten konnte. Sie konnte sogar ihre Schuhe ausziehen und die Füße auf den Tisch legen, wenn sie wollte. Der Gedanke gefiel ihr, und sie setzte ihn unverzüglich in die Tat um. Lässig drückte sie auf den elektrischen Anspitzer auf dem Schreibtisch und sprach in ihn hinein:

„Miss McGillicuddy, hier ist Alison Parker. Schicken Sie Rex Weldon bitte herein. Oder besser noch, lassen Sie ihn rasieren und in mein Privathaus schicken. Ich werde mich um ihn kümmern, sobald ich etwas sehr Wichtiges erledigt habe."

In diesem Moment ging ein junger Mann an ihrer Kabine vorbei und stutzte, sichtlich befremdet.

„Laientheater", erklärte Alison. „Ich übe für meine Rolle. Sorry."

Ein kleiner Fauxpas, aber egal. Sie würde ihren Weg machen.

An diesem Abend war Alison so glücklich über ihre Beförderung, daß sie beschloß, mit ihren Freunden auszugehen und sie alle zu einem Drink einzuladen. Leider hatte sie kein Geld mehr, also war es wohl besser, sich von ihnen zu einem Drink einladen zu lassen. Jake und Jo begleiteten sie zum Shooters, wo sie Billy, Alisons Mitbewohner, Michael, den Hausmeister/Arzt, und Rhonda und Matt trafen, die auch in ihrem Apartmenthaus wohnten. Als sie von Wisconsin wegzog, hatten alle sie gewarnt, daß Los Angeles eine große, anonyme Stadt sei, die sie auffressen würde, und im allgemeinen stimmte das auch. Doch sie hatte Glück gehabt und war in ein Haus gezogen, wo alle Mieter wie eine große Familie waren. Vielleicht weil alle im gleichen Boot saßen, jung waren, rumkrebsten und nicht wußten, was sie aus ihrem Leben machen sollten. Vielleicht war es auch nur ein kosmischer Zufall, ein seltenes und einzigartiges Zusammentreffen von Schicksalen und Persönlichkeiten. Vielleicht waren sie sich so nahe, weil sie sich alle so oft gegenseitig Geld liehen, daß niemand mehr wußte, wer wem wieviel schuldete. Heute abend jedenfalls tranken sie alle zusammen auf Alisons Erfolg, und sie war damit voll und ganz einverstanden.

„Auf Alison und ihre brillante Karriere", sagte Billy und hob seine Bierflasche. „Träume werden wahr."

„Auf Alison!"

„Cheers!"

„Auf dich!"

„Weiter so!"

„Super!"

Billy lehnte sich zu ihr herüber und gab ihr einen Kuß auf die Wange.

„Na ja", sagte sie, „es ist eigentlich keine brillante Karriere . . . noch nicht."

Jo legte den Arm um Alison. „Das wird's aber."

„Versprich uns nur, daß du dich an uns erinnerst, wenn du reich und berühmt bist", bat Jake.

„Oh, das werde ich, Josh — du bist doch Josh, nicht?" Alison kicherte.

„Ich muß mir das nicht bieten lassen", stellte Jake fest. „Ich gehe. Wer spielt mit mir Billard? Michael? Spielen wir um die nächste Monatsmiete, wenn du gewinnst, kriegst du das Doppelte, sonst gar nichts."

„Bezahl erst mal die für diesen Monat", schlug Michael vor.

„Ich spiel' mit dir", mischte sich Matt ein. „Wie wär's mit Teams? Du und Jo gegen Rhonda und mich?"

Im nächsten Augenblick bestand Alisons Party nur noch aus ihr und Billy. Billy machte ein besorgtes Gesicht.

„Ich weiß nicht", sagte er. „Jetzt, wo du das große Geld machst, brauchst du bestimmt keinen Mitbewohner mehr." Sie hörte in seiner Stimme einen Anflug von Unsicherheit. Sie mochte gar nicht daran denken, ihn jemals als Mitbewohner zu verlieren, obwohl sie davon ausging, daß es eines Tages so kommen würde. Sie hatte sich schrecklich an ihn gewöhnt und ihn richtig lieb gewonnen. Natürlich nur als Freund, versteht sich.

„Ja, das große Geld — fünfzig Dollar mehr im Monat. Ich kann vielleicht die Reinigung bezahlen." Sie lehnte sich zu ihm hinüber und drückte seinen Arm.

„Mach dir keine Sorgen. Du wirst mich nicht so leicht los."

Er beugte sich über den Tisch und küßte sie noch einmal, dieses Mal auf die Stirn. „Ich bin stolz auf dich. Wirklich. Ich wußte, daß du es schaffst."

„Danke", sagte Alison. „Bisher habe ich noch nichts getan."

„Nein, aber du wirst es tun. Hab' ich nicht recht, Michael?" fragte Billy.

Michael war vom Billardspiel zum Tisch zurückgekehrt. „Vollkommen", bestätigte er. „Hey, Billy, ich brauche einen Partner. Laß uns die Queues schwingen. Dir macht es nichts aus, wenn wir dich allein lassen, Alison, oder?"

„Überhaupt nicht", antwortete sie. „Ich bin daran gewöhnt, alleine zu feiern."

Jo setzte sich auf Billys Platz und reichte ihm ihren Queue.

Am Billardtisch schlug Michael vor, daß Billy anstoßen solle. Wie er so dastand und Billy süffisant grinsend ansah, wirkte er so erwartungsvoll, als ob er noch eine Karte im Ärmel hätte. Billy versenkte drei Kugeln beim ersten Stoß, traf aber die Zweierkugel nicht.

Michael zuckte mit den Schultern. „Triffst du dich zur Zeit eigentlich mit jemandem, Alter?" brach er endlich das Schweigen.

„Treffen im Sinne von Rendezvous?" fragte Billy zurück.

„Ja, genau."

„Nein . . ."

„Gut, dann habe ich jemanden für dich, glaube ich", sagte Michael.

Billy hatte schon erwartet, daß so etwas kommen würde. Verheiratete Leute schienen Spaß daran zu haben, ihre nicht liierten Freunde miteinander zu verkuppeln und später dann nach den Details zu fragen, um die Illusion zu haben, sie wären selbst dabei gewesen. Vielleicht wollten sie auch nur, daß die ganze Welt so litt wie sie selbst. „O je", stöhnte er. „Schlägst du ein Blinddate vor, Michael?"

„Nein, überhaupt nicht. Im Gegenteil . . . ihr sollt euch ja kennenlernen, genau kennenlernen. In einem sehr dunklen Zimmer."

„Wer ist sie?" fragte Billy. Zweimal in seinem Leben war er mit Frauen verabredet gewesen, die er nicht gekannt hatte. Das eine Mal war es ein Mädchen, das seine Mutter für ihn ausgesucht hatte, Marianne Davis, die Tochter des neuen Geistlichen der Baptistengemeinde in der Stadt. Sie wurde für schüchtern und zurückhaltend gehalten und kannte niemanden − Billy mußte fast einen Monat Rollkragenpullover tragen, bis die Knutschflecken endlich wieder weg waren. Das andere Mal war es die Kusine eines Freundes, Liza, ein sehr nettes Mädchen, die außerdem Kettenraucherin war, Hundehalsbänder, schwarze Lederklamotten und Nasenringe trug, sich mit Patchouli parfümierte und Motorrad fuhr − nicht ganz sein Typ. Auf der anderen Seite hatte er jetzt fast zwei Monate wie ein Mönch gelebt. „Das heißt natürlich nicht, daß ich das machen werde."

„Sie heißt Lydia Perkins", berichtete Michael. „Sie ist Krankenschwester. Ungefähr dreiundzwanzig, vierundzwanzig . . . ein wirklich süßes Mädchen."

„Süß?" Er ahnte, daß die Sache einen Haken haben mußte. „Was Besseres kannst du nicht über sie sagen, als daß sie ‚süß' ist?"

„Sie ist absolut Spitze, Billy."

„Wie sieht sie aus? Welcher prominenten Frau ähnelt sie?"

„Sie macht Cindy Crawford Konkurrenz."

„Ehrlich?"

„Nein, aber sie sieht auch nicht gerade wie Broderick Crawford aus", Michael seufzte. „Los, Billy. Sie sieht aus wie sie selbst. Ich geb' dir mein Ehrenwort, sie ist toll. Ich glaube, ihr zwei werdet viel Spaß miteinander haben, sonst würde ich es nicht vorschlagen."

„Ich weiß nicht, Michael. Sie kennt mich ja gar nicht. Warum verabredet sie sich nicht mit Leuten, die sie kennt?"

„Warum tust du es nicht?"

Eins zu null für Michael. Natürlich konnte er jede Menge Dates haben, wenn er wollte. Er könnte immer noch Marianne Davis anrufen, Draculas Braut. Billy überlegte. Es war wie beim Schreiben – du kannst scheitern, wenn du es ausprobierst, aber du scheiterst in jedem Fall, wenn du es gar nicht erst versuchst. Also los. Alles mögliche konnte passieren. „Soll ich sie anrufen, oder ruft sie mich an?"

„Ich lass' mir morgen ihre Nummer geben", sagte Michael mit einem zufriedenen Lächeln. Billy sah zu Alison hinüber. Vielleicht war Lydia Perkins ja ein bißchen wie Alison.

Am Tisch bot Jo an, Alison etwas ganz Besonderes zu spendieren, vielleicht Champagner in einem Schuh? Alison sagte, daß sie mit solchen Eskapaden auf ihren Prinz warten würde oder zur Not vielleicht auch auf Rex Weldon. Jo bekräftigte, daß es jedenfalls toll sei, was Alison geschafft hatte.

„Ja", sagte Alison. „Es war wie . . . Ich habe am Empfang gearbeitet, weil ich immer hoffte, daß das *irgendwas* bringen würde, ohne genau zu wissen, wie das klappen sollte."

„Aber du hast an dich selbst geglaubt."

„Ja", gab sie zu. „Ich denke, das habe ich getan." Obwohl – es war eben einfach nicht möglich, im Leben *nur* Pech zu haben. Etwas Gutes mußte einfach dann und wann passieren, weil rein mathematisch gesehen die Wahrscheinlichkeit dafür sprach. Solange du nicht aufgibst, kommt irgendwann einmal deine Stunde.

„Du machst uns allen Hoffnung."

„Danke", sagte Alison. Es kam ihr plötzlich in den Sinn, daß es auch noch einen anderen Weg gab, Jo Hoffnung zu machen, einen Weg, der auch in ihrem eigenen Interesse liegen konnte. „Hör zu, du solltest mir mal deine Mappe geben, damit ich sie mit zur Arbeit nehmen kann. Ich werde es mit vielen Fotografen zu tun haben, vielleicht kann ich mal jemandem deine Arbeiten zeigen."

Jos Miene heiterte sich sichtlich auf. Alison war davon überzeugt, daß auch die Freundin nicht weiter vom Pech verfolgt sein könnte.

„Das wär' fantastisch", sagte Jo. „Du kannst dir gar nicht vorstellen, wie viele Türen mir schon vor der Nase zugeschlagen worden sind. Die Leute nehmen sich nicht mal die Zeit, sich auch nur ein Bild anzusehen . . . Als ob sie Angst hätten, daß sie etwas Neues entdecken könnten."

„Ich habe jedenfalls keine Angst davor", versicherte Alison. „Und ich würde dir gerne helfen, wenn ich kann. Ich kann natürlich nichts versprechen . . . Wie wär's, wenn du nachher noch vorbeikommst?"

Die Mappe war ein einfacher blauer Aktenordner, wie ihn Schulkinder für ihre Hausaufgaben brauchen, und entsprach nicht gerade den Anforderungen an professionelle Selbstdarstellung. Alison wußte, daß viele Leute einen Blick auf den Ordner werfen würden, und, ohne sich darum zu kümmern, was darin war, nur aufgrund des äußeren Eindrucks ihr Urteil fällen würden. Was Alison aber sah, als sie genauer hinschaute, war wirklich beeindruckend. Sie saßen auf dem Fußboden und blätterten die Fotos durch.

„Jo, deine Arbeiten sind wunderschön."

„Wirklich? Danke. Ich weiß allerdings nicht, ob es für die Werbung taugt. Ich fotografiere einfach das, was mich anturnt." Was Jo anturnte, entsprach auch genau Alisons Geschmack. Es handelte sich ausschließlich um beeindruckende Bilder von gutaussehenden, um nicht zu sagen umwerfenden Männern, die am Strand Volleyball spielten. Man sah sie als Silhouette, als Nahaufnahme, als Bewegungsstudie, wie sie sich wie springende Delphine gegen den purpurroten Himmel abhoben.

„Wann hast du die gemacht?"

„Vor ein paar Wochen. Am Strand."

„Hast du ihre Telefonnummern?"

„Ein paar", sagte Jo. Alison glaubte ihr. „Aber ehrlich, Jake ist mir voll und ganz genug . . . und nach der Sache, die ich mit meinem Mann durchgemacht habe, sind Typen, die ich am Strand kennenlerne, das letzte, was ich brauche."

Sie sahen sich ein Foto näher an, auf dem ein braungebrannter, schweißgebadeter junger Mann abgebildet war, der nichts anderes als einen sehr engen Tanga trug, Marke „Bananenschmuggler", wie ihre Freundin Sandy solche Badehosen nannte. Alison warf Jo einen Blick zu.

„Das war rein beruflich", verteidigte sich Jo.

„Was läuft denn jetzt zwischen euch ab? Zwischen dir und Jake?"

„Ich versuche, es langsam angehen zu lassen. Aber das ist ganz schön hart mit jemandem, den . . . na ja . . . den du wirklich magst. Aber ich weiß schon, was für mich am besten ist."

„Jake ist ein toller Typ", sagte Alison. „Du bist gut für ihn, ich merke das. Er scheint wirklich glücklich zu sein. Vorher hat er oft ein Gesicht gemacht, das sogar bosnische Flüchtlingskinder erschreckt hätte."

„Gut für ihn? Ich?" fragte Jo ungläubig.

Alison nickte.

„Vielleicht . . . ich weiß nicht. Ich bin nicht soweit, mich auf was Neues einzulassen. Noch nicht. Ich war, solange ich denken kann, mit einem einzigen Mann zusammen. So schnell jetzt in was reingezogen zu werden . . . es ist einfach noch zu früh." Sie schloß das Ringbuch. „Andererseits, wer weiß? Ich versuche, mir nicht zu viele Vorschriften zu machen."

Alison nahm den Ordner, schlug ihn noch einmal auf und sah ihn beiläufig durch. Die Fotos waren wirklich ziemlich gut. Sie blätterte durch eine weitere Serie, diesmal waren es Stilleben.

„Wann hast du die gemacht?"

„Kurz vor meiner Hochzeit", antwortete Jo. „Ich habe damals für eine kleine Szene-Zeitschrift in New York gearbeitet."

„Kann ich das hier mit ins Büro nehmen?" fragte Alison.

„Alison, du brauchst dich zu nichts verpflichtet zu fühlen. Du mußt das nicht machen."

„Ich weiß. Aber mir gefallen deine Arbeiten wirklich. Ich sage das nicht nur so."

„Wirklich? Im Ernst?"

Alison nickte.

Jo lächelte und gab Alison den Aktenordner. „Hier. Warum eigentlich nicht? Es kann ja nicht schaden. Sieh zu, was du machen kannst."

Am nächsten Tag bei der Arbeit zeigte Alison die Bilder Amanda. Je länger sie darüber nachgedacht hatte, desto besser gefiel ihr die Idee. Was für einen Unterschied gab es schon zwischen Volleyball und Tennis? Größere Bälle und ein höheres Netz. Badehosen, Unterwäsche — alles das gleiche. Sie schlug den Ordner auf der ersten Seite auf und ließ ihn auf Amandas Schreibtisch fallen. Amanda betrachtete das Foto und sah dann auf.

„Wahnsinn." Sie blätterte weiter. „Wessen Arbeit ist das?"

Alison entschied, daß sie fürs erste nicht erwähnen wollte, daß Jo eine Freundin war. „Jo Reynolds'."

„Noch nie von ihm gehört. Ist er neu?"

„So ungefähr", sagte Alison grinsend. „Und *sie* ist aus New York."

„Wirklich?" Sie blätterte die Fotos durch. „Gefällt mir. Die Aufnahmen sind sexy, haben Stil . . . sind witzig. Bei welchem Agenten ist sie?"

„Ich glaube nicht, daß sie hier schon einen hat", mußte Alison zugeben. „Außerdem steht sie nicht auf deiner Vorzugsliste."

„Die fallen alle flach. Weißt du, wie man an sie rankommt?"

„Um genau zu sein, sie ist eine Freundin von mir. Sie wohnt im gleichen Haus wie ich. Ist das in Ordnung, oder ist das gegen die Regeln?"

„In unserem Fall ist das voll und ganz in Ordnung", beruhigte Amanda sie. „Diese Freundin von dir könnte genau der Glückstreffer sein, den wir gerade brauchen." Sie nahm den Aktenordner. „Ich will Lucy ihr Zeug zeigen."

„Vielleicht könnten wir es in eine schönere Mappe legen", schlug Alison vor. „Nur für den Fall, daß . . ."

„Gute Idee", sagte Amanda. „Die haben hier so was kistenweise. Wenn sie den Job kriegt, kann sie es uns zurückzahlen."

Als sie gerade fertig waren, trafen sie Lucy auf dem Weg zu einer Besprechung. Sie sah sich die Fotos im Gehen an.

„Was hat sie bisher gemacht?" fragte Lucy.

Alison wollte, daß es sich bedeutsam anhörte. „Ein paar interessante Sachen in New York", antwortete sie.

„Haben wir irgendwelche Werbeaufnahmen von ihr?"

„Ich habe keine gesehen", sagte Alison und drückte die Daumen. Lucy mußte einfach etwas Nettes sagen.

„Sie ist sehr dynamisch . . . kriegt einen guten Draht zu ihren Themen . . . Was meinen Sie, Alison?"

Alison überlegte, was sie über Jo wußte. Die Arbeiten sprachen für sich selbst, aber wenn Jo versagte und sich die Waren nicht verkaufen ließen, mußte Alison ihren Kopf hinhalten. Ihre Aussichten auf eine Karriere würden sich dann in Luft auflösen. „Ich glaube, wir sollten ihr eine Chance geben", sagte sie schließlich und versuchte, so überzeugt wie nur möglich zu klingen.

„Lucy, die Uhr tickt", erinnerte Amanda.

„Na gut. Sagen Sie ihr Bescheid, daß ich sie heute nachmittag sehen will. Tick, tick, tick. Wenn Sie im Moment gerade nichts zu tun haben, könnten Sie mitkommen und die Kunden kennenlernen."

In ihrem Büro machte Lucy Alison und Amanda mit Rex Weldon, der in Wirklichkeit noch besser aussah als in der Werbung, und mit Arnold Castle bekannt, einem Mann in den späten Dreißigern, der nur für die Firma lebte. Er war der Vizepräsident von Maximum Advantage.

„Entschuldigen Sie bitte, daß ich Sie habe warten lassen", sagte Lucy. „Meine Herren, Mr. Rex Weldon, Mr. Arnold Castle . . . Ich möchte Ihnen Alison Parker und Amanda Woodward vorstellen. Sie werden morgen Ihren Fototermin koordinieren."

Rex und Alison sahen sich an. Sie war sich nicht sicher, aber sie glaubte, daß er gelächelt hatte.

„Toll", sagte Rex. Er und Arnold schüttelten Amanda

und Alison die Hand. Alle sagten, wie erfreut sie seien, einander kennenzulernen, die üblichen Höflichkeiten, aber als Rex Alisons Hand nahm — hatte er sie auf besondere Art gedrückt? Sie beobachtete, wie Lucy Arnold am Arm zum Konferenztisch führte, ihn tätschelte und im wahrsten Sinne des Wortes die Sache in ihre Hände nahm. Amanda folgte ihr.

„Arnold, wir haben eine Top-Fotografin gefunden, ist gerade aus New York hierhergezogen. Ich treffe sie heute nachmittag, und wenn es klappt, möchte ich, daß sie morgen die Aufnahmen macht."

Alison konnte nicht glauben, was sie da hörte. Sie mußte unbedingt Jo heute noch erreichen, sonst ... nichts sonst. Sie hatte keine Wahl.

„Fantastisch! Wer ist es?"

„Jo Reynolds. Eine Frau, wie gesagt."

„Ich glaube, ich habe schon von ihr gehört."

„Ganz bestimmt", bekräftigte Lucy. Alison war sich sicher, daß Arnold noch nie von Jo gehört hatte, und Lucy wußte das auch, aber als richtiger Profi hatte Lucy es gelernt zu bluffen. Amanda, Lucy und Arnold sahen sich die Aufnahmen an. Rex nicht. Alison ging zu ihm hin.

„Möchten Sie nicht die Fotos prüfen?" fragte sie.

Er zuckte mit den Achseln und lächelte dann, ein Mann, der genau wußte, daß er seinen Charme einschalten und strahlen lassen konnte wie andere Männer eine Taschenlampe. „Was weiß ich? Ich stelle mich nur hin und lasse die Experten Bilder von mir machen." Er steckte die Hände in die Hosentaschen. „Sie sind also dazu verdonnert, bei dem Termin morgen den Babysitter zu spielen?"

„So kann man es auch ausdrücken."

„Wissen Sie, ich bin jetzt schon zwei bescheuerte Tage in Los Angeles, zusammen mit Arnold, in diesem Hotel in Century City." Er senkte seine Stimme und lehnte sich verschwörerisch zu ihr herüber. „Er ist nicht gerade ein Party-Typ, wenn Sie wissen, was ich meine. Gestern abend haben wir zusammen Karten gespielt. Ich bin in Los Angeles, und wir spielen Karten."

„Kennen Sie hier niemanden?"

„Keinen Menschen. Und ich glaube, wenn Sie mich nicht heute abend irgendwohin mitnehmen, wo was los ist, sterbe ich vermutlich noch vor morgen an unheilbarer Langeweile."

„Das würde die Sache natürlich etwas kompliziert machen. Es ist sehr schwierig, mit Toten zu arbeiten. Billiger, aber eindeutig schwieriger."

Rex lächelte über ihren Witz. „Sagen Sie, wohin wir gehen, Alison. Ich gehöre ganz Ihnen."

Bevor Alison antworten konnte, bemerkte sie, daß Amanda sie anschaute. Alison zuckte hilflos mit den Schultern. Was sollte sie tun? Einer der fünfzig bestaussehenden Männer Amerikas auf der Liste der Zeitschrift *Peoples* hatte sie gerade darum gebeten, mit ihm auszugehen.

Um die Sache im Rahmen zu halten, beschloß sie, Rex ins Shooters mitzunehmen, was irgendwie auch romantisch war, aber natürlich nicht zu vergleichen mit dem Spago oder einem Picknick in trauter Zweisamkeit bei Kerzenschein am Santa-Monica-Pier. Sie wählte den Tisch gleich neben der Tür, den man am besten sehen konnte, und bestellte einen Gin Tonic, mit viel Tonic. Rex hatte einen Martini geordert und nippte auf vollkommen natürliche, lässige Art und Weise daran. Alison war fasziniert. Er war der einzige Mann, den sie bisher kennengelernt hatte, der Martini wirklich trinken konnte – die meisten Männer sahen wie Minderjährige aus, wenn sie Martini tranken. Er hatte ihr von seinem Leben als Tennisprofi erzählt, aber nicht so wie solche Männer, die sich selbst unendlich faszinierend finden.

„Ich liebe das Spiel, aber ich hasse es, immer unterwegs zu sein, und das gehört leider meistens dazu. Und ein ‚Top-Model' zu sein, gefällt mir noch weniger. Ich fühle mich immer so, als ob ich gerade in einem Talentwettbewerb gewonnen hätte. Es ist doppelt schwer, wenn du dein ganzes Leben lang Sportler gewesen bist und überhaupt nicht weißt, was du machen sollst, wenn du dich aus dem Wettkampfsport zurückziehst."

„Aber das Geld stimmt doch wohl, oder?"

„Na klar, Kumpel", sagte er ironisch. „Deshalb bin ich hier. Wedel mit den großen Scheinen, und ich komme."

„Wo leben Sie überhaupt?"

„Gute Frage", stellte er fest. „Ich sage meistens, daß ich aus Pittsburgh komme, aber ich glaube, ich war seit über einem Jahr nicht länger als zwei Wochen an einem Ort. Es wäre schlauer, ein Schließfach zu mieten. Eigentlich komme ich aus Washington. Ich habe mehr Flugzeugfraß gegessen als eine Stewardess mit Bulimie."

„Ein Nomade."

„Ein einsamer Nomade." Eine offensichtliche Anmache.

„Irgendwie tun Sie mir nicht leid."

Er lachte. „Aber wie kommt eine so junge und schöne Frau wie Sie zu so einem hochkarätigen Job?"

Sie gab sich Mühe, nicht rot zu werden. „Bitte, ich bin wohl kaum hochkarätig."

„Aber du bist wunderschön", entgegnete er.

Jetzt merkte sie, daß sie rot wurde.

„Komm, ich kann das beurteilen." Er lehnte sich zu ihr herüber. „Ich glaube, *du* solltest die Unterwäsche für Maximum Advantage vorführen, nicht ich." Alison mußte bei der Vorstellung lachen. Sie konnte sich den Gesichtsausdruck ihres Vaters vorstellen, wie er eine Zeitschrift aufschlug und seine Tochter in Unterwäsche sah.

„Ich glaube nicht", erwiderte sie, obwohl das gewagte Kompliment ihr ganz und gar nicht mißfiel.

„Ach los . . . wir machen es zusammen. Zwei zum Preis von einem."

Sie lachte wieder. Dann sah sie ihn an, griff in ihre Brieftasche, nahm eine Kreditkarte heraus und warf sie auf den Tisch.

„Was soll das denn?" fragte er. „Ist es schon Zeit zum Schlafengehen?"

„Ich muß jetzt wirklich nach Hause", sagte sie. Sie konnte ihm wohl kaum sagen, daß sie es viel zu sehr genoß.

„Es ist halb acht", protestierte er. „Wie wär's, wenn ich dich zum Abendessen einlade?"

„Rex . . . ich würde ja sehr gerne, aber . . . ich glaube, wir belassen es am besten beim rein Geschäftlichen."

„Ahhh . . . ‚geschäftlich'", sagte er und schraubte seinen Charme noch eine Stufe höher. „Gut, wunderbar. Vielleicht kann ich ja, wenn ich alles hinter mir habe, mit Kartenspielen ein Geschäft machen." Er griff über den Tisch und packte ihre Hand. „Weißt du was, Alison? Dies sieht mir nicht nach einem Büro aus."

Alison fühlte sich zwischen Vernunft und Vergnügen hin und her gerissen. Sie hatte gerade etwas Glück im Beruf gehabt. Vielleicht sollte sie es nicht herausfordern. Oder vielleicht war es dafür auch genau der richtige Moment.

2

Nackte Tatsachen

Das Zusammenleben von Alison und Billy klappte unter anderem deshalb so gut, weil sie oft in ähnlicher Stimmung waren und sich dabei eher ergänzten, als einander auf die Nerven zu fallen. So lag Alison zum Beispiel gerade mit dem Gesicht nach unten auf der Couch und fühlte sich wie eine totale Idiotin, während Billy die Wohnung auf den Kopf stellte und sich wie ein totaler Idiot verhielt. Die Gründe, warum sie sich so idiotisch fühlten und/oder verhielten, waren ähnliche. Billy bereitete sich — nervös bis zu den Haarspitzen — auf seine herannahende Verabredung vor, während Alison sich am liebsten in den Hintern gebissen hätte, daß sie ihr Rendezvous mit Rex so schnell abgewürgt hatte.

„Bring mich einfach nach draußen und erschieß mich", sagte sie. „Im Morgengrauen. Erschießungskommando. Auf Wunsch mit verbundenen Augen."

Billy versuchte, vor dem Spiegel seinen Schlips zu binden, ohne Erfolg. „Weißt du was? Wenn ich diesen verdammten Schlips nicht richtig hinkriege, kannst du ihn als Schlinge verwenden", schlug er vor. „Nach deinem Bericht zu urteilen, verhältst du dich ein bißchen sehr dramatisch."

„Hör bloß auf, Billy — wie oft ergeben sich im Leben einer jungen Frau solche Möglichkeiten?" Sie durchlebte die Szene noch einmal in Gedanken. „Ich sitze Rex Weldon am Tisch gegenüber, diese tiefblauen Augen, er hält meine Hand . . . Normalerweise sagen Frauen nicht einfach nein zu so einem Typen. Bis ich das nächste Mal so eine Chance kriege, gehe ich am

Stock, habe keine Zähne mehr . . . kann mich nicht mehr an meinen Namen erinnern und nuschel' vor mich hin, daß der FBI mir was ins Essen tut und Marsmenschen mir Radiosignale durch meine Zahnfüllungen senden."

„Meine Großmutter hatte auch solche Anwandlungen", sagte Billy, während er seine Schuhe zuband. „Sag nichts dagegen — auf diese Weise kriegst du dein eigenes Zimmer im Pflegeheim."

„Ich fühl' mich nur so blöd."

„Ich glaube, es war super. Du hast einen starken Willen gezeigt."

„Feigheit habe ich gezeigt, sonst nichts. Sag mal, Billy, warum bin ich nur so prinzipientreu?"

„Du kommst aus Wisconsin — daran kannst du nichts ändern. Du hast als Kind zuviel Käse gegessen. Ein paar von uns mögen das an dir."

„Nun sag schon", forderte Alison. Sie litt nicht immer so unter Herzensangelegenheiten. Sie war zwar schon früher verletzt worden, aber nicht mehr als jeder andere auch — nicht mehr als üblich, auch wenn es sich dann, wenn es passierte, jedesmal aufs neue ganz besonders schrecklich anfühlte. Wie mit Keith, zum Beispiel.

„Ich glaube, es hat eher was mit praktischen Überlegungen zu tun. Du warst sechs Monate lang an das Telefon gekettet, und dies ist nun *die* große Chance . . . und du willst eben nicht verarscht werden. Was den Job anbetrifft, meine ich."

Alison stöhnte und rollte sich auf der Couch herum. „Na gut, was hast *du* denn jetzt vor?"

Billy schien die Antwort peinlich zu sein. „Eine Verabredung . . ."

Das erklärte das Duftwässerchen. Ansonsten benutzte Billy es nur, wenn er keine frischen T-Shirts mehr hatte. „Ich erkenne den Duft", sagte sie.

Billy bürstete vor dem Spiegel verbissen seine Haare

und machte dabei ein Theater wie ein Teenager. Alison grinste.

„Ich kenne die Frau gar nicht, um ehrlich zu sein", klärte Billy sie auf. „Michael hat es arrangiert. Du weißt ja, zuerst hört sich so was ganz toll an, aber dann, zwei Stunden später, fühlst du dich – "

„– als ob du vors Erschießungskommando treten müßtest. Ja, man kann wohl sagen, daß ich dieses Gefühl kenne. Komm, ich helfe dir bei deinen Haaren, bevor du sie dir noch alle ausreißt." Sie nahm ihm die Bürste aus der Hand und zupfte seine Haare mit den Fingern zurecht. Als sie fertig war, trat sie einen Schritt zurück. „Schon besser", urteilte sie.

Billy lächelte schief.

„Billyboy auf Abenteuer."

„Wär' das nicht nett?" fragte er. „Warum müssen wir immer das Schlimmste befürchten? Es kann doch auch ganz toll werden, oder? Es gibt gar keinen Grund, so pessimistisch zu sein. Stimmt's?"

Alison erinnerte sich daran, daß auch sie mit dem Schlimmsten gerechnet hatte, als sie von Lucy in ihr Büro bestellt worden war. „Ein gutgemeintes Wort mit auf den Weg", sagte sie. „Nimm die Sache in die Hand."

„Das ist aber mehr als ein Wort."

„Das Wort, das ich meine, hat drei Buchstaben."

„Worauf spielst du an?" fragte Billy.

„S – E – X. Ich meine, halt' dich nicht zurück."

Als er bei Lydia Perkins ankam, merkte er, daß er doch tatsächlich schweißnasse Hände hatte. Er erinnerte sich an seine Schulzeit, als er stundenlang das Telefon angestarrt und versucht hatte, genug Mut aufzubringen, seine Flamme anzurufen, voller Angst, daß sie ihn abblitzen lassen würde. Als er eines Tages wieder mal so vor dem Telefon saß, klingelte es. Es war ein Werbefritze von der MCI-Telefongesellschaft, der die Leute davon überzeugen wollte, von AT&T zu MCI zu wechseln. Als Billy ihn zum Spaß fragte, welche Gesellschaft es schüchternen Typen wie ihm erleichtern würde, ein Mädchen anzurufen, fing der Typ von MCI an, fast eine Stunde mit ihm zu reden. Es half zwar nicht viel, aber der Mann war so nett gewesen, daß Billy seine Eltern dazu überredet hatte, bei AT&T zu kündigen.

Er klopfte an die Tür. Wenn du kneifst, bist du ein größerer Loser, als wenn du auf dem Schlachtfeld verlierst, hatte der Typ von MCI gesagt, und Leute, die immer kneifen und nie ihr Glück versuchen, kriegen einen besonderen Platz in der Hölle, wo sie den Himmel im Fernsehen sehen und bis in alle Ewigkeit ihre Untätigkeit bereuen können.

Die Frau, die ihm öffnete, hatte rotbraunes Haar, ein rundliches Gesicht, scheußliche Klamotten und eine quietschende Haustür. Als sie Billy sah, lächelte sie, und ihr Lächeln war wirklich anziehend. Trotzdem konnte Billy sich nicht helfen; er war ein bißchen enttäuscht und wäre nicht überrascht gewesen, wenn es Lydia genauso ergangen wäre. Der erste Eindruck zählte schließlich, wenn man sich nicht kannte. Der erste Schuß war schon mal daneben gegangen.

„Lydia . . ." Er hörte, wie seine Stimme krächzte, genauso wie in der achten Klasse.

„Du mußt Billy sein", sagte sie.

Dann standen sie sich verlegen gegenüber, ohne daß einer von ihnen gewußt hätte, worüber sie reden sollten. Nach Billys Schätzung dauerte das Ganze bestimmt sechs bis sieben Jahre.

Derweil hörte Alison zu Hause, wie es an der Tür klopfte. Ihr erster Gedanke war, daß es Billy wäre, dessen Verabredung sich als eine fünfzehnsekündige Katastrophe herausgestellt hatte, eine dieser Verabredungen, wo du die Tür öffnest, die andere Person einmal ansiehst, vorgibst, du hättest die Schlüssel im Wagen vergessen, den Wagen mit heulendem Motor durchstartest und nie mehr zurückkommst. Sie hatte so etwas eigentlich noch nie gemacht, aber sie hatte es sich schon manchesmal gewünscht. Statt dessen sah sie Jo, als sie die Tür öffnete. Jo strahlte so sehr, daß es das Flutlicht bei einem Fußballspiel ersetzt hätte.

„Du hast ihn? Hast du den Job gekriegt?"

Jo trat in die Wohnung hinein wie ein siegreicher Held. „Was, wundert dich das?" sagte sie.

Alison lachte. Jo setzte sich auf die Couch.

„Na ja, ich hatte einfach Angst, daß deine geringe Erfahrung ein Hindernis sein könnte."

„War es auch, bis ich anfing zu lügen", sagte Jo. „Lucy war sehr beeindruckt, daß ich schon für *Vogue* Aufnahmen gemacht habe."

„Ojemine. Und wenn sie es nachprüft?"

„Bis sie das rausfindet, sollte sie es jemals rausfinden", sagte Jo fröhlich, „sind alle nur noch hin und weg, was wir für eine tolle Arbeit machen. Ich war absolut gut drauf in dem Vorstellungsgespräch, du hättest mich sehen sollen."

„Hey", Alison fuhr hoch, „vergiß nicht, wer dich für den Job empfohlen hat."

„Ja, ja. Wer war das noch gleich?"

Alison bewarf sie mit einem Kissen. Sie kicherten hysterisch. Schließlich lehnte Jo ihren Kopf an die Couch zurück.

„Das ist so irre, Alison", sagte sie. „Ein Job, ein richtiger Job, bei dem ich für eine wunderbare Frau arbeite, eine sehr bedeutende Person fotografiere . . . eine bekannte Person. Eine berühmte Person. Vermutlich war es genauso, als Annie Leibowitz anfing. Ich meine – " Plötzlich verstummte sie und schluckte vernehmlich. „Meine Güte, ich sterbe vor Angst."

„Hör auf", sagte Alison. „*Ich* sterbe vor Angst. Wir können nicht beide vor Angst sterben. Ich war die erste." Sie fühlte sich wie im letzten Jahr in der Highschool, als sie zum ersten Mal bei Missy Van Allen blau machte. Sie war immer so brav gewesen, immer glatte Einser, hatte nie den Unterricht versäumt. Das erste Mal, als sie schwänzten, wären sie auf dem Korridor beinahe ihrer Hauswirtschaftslehrerin und dem Tennistrainer in die Arme gelaufen, so daß sie in einen Waschraum verschwinden und sich hinter den Toiletten verstecken mußten. Vor lauter Angst hatte ihnen das Herz bis zum Hals geschlagen. Vielleicht war die Angst jetzt nicht genauso groß, aber es stand auf der Kippe. Vermutlich fühlte sich Jo ähnlich.

„Hast du dir schon mal überlegt, daß es nur solange toll ist, einen Job zu kriegen, bis dir klar wird, daß du ihn auch machen mußt?" fragte Jo.

Alison stöhnte. „Ach, Jo, du verbreitest hier ja nicht gerade Optimismus."

„Nein, nein, mach dir keine Sorgen, Al. Dieser Typ wird Wachs in meinen Händen sein. Daran zweifle ich nicht. Ich bin nur . . . Ach, ich weiß nicht."

„Solange wir die Fotos kriegen", sagte Alison vorsichtig.

„Ach was, nicht nur Fotos", sagte Jo. „Zum Teufel mit den Fotos. Jeder kann Fotos machen. Ich werde uns *berühmt* machen." Sie stand auf. Alison war sich nicht sicher, daß ihr der Ton gefiel, in dem Jo das gerade gesagt hatte. „Was du mir nicht erzählt hast — um welches Produkt geht es?"

„Männerunterwäsche", antwortete Alison. „Frauenwäsche auch, aber die kommt erst später dran."

Jo grinste. „Du willst damit sagen, daß ich Rex Weldon in seiner Unterwäsche knipsen muß? Mensch, das Leben ist manchmal hart. Diesmal kriegen wir ein Stück vom Kuchen ab, Al. Mit Sahne drauf."

Während Alison sich diese Sorgen machte, fand sich Billy einem Mann gegenüber, der zwei scharfe Messer hin und her schwang und sie bedrohlich vor seinem Gesicht aufblitzen ließ. Ein schlichter Raubüberfall hätte als Entschuldigung dienen können, die Verabredung abzublasen, aber unglücklicherweise war Billy nur in einem japanischen Restaurant, einem von jener Sorte, wo der japanische Küchenchef seine Kunden dadurch faszinierte, daß er vor ihren Augen unglaublich schnell Zucchini zerschnippelte oder ihnen aus drei Meter Entfernung die gegrillten Shrimps auf den Teller warf. Billy mühte sich noch immer ab, mit Lydia ins Gespräch zu kommen, die auf keinen Fall ein schlechter Mensch oder langweilig war — Billy war sich sicher, daß jeder andere bestimmt sehr an ihr interessiert gewesen wäre. Er war es nicht. Er wünschte sich, sie wären in eine Eckkneipe gegangen, wo er über ihre Schulter hinweg hätte fernsehen können — traurig, aber wahr. Vielleicht war er schon verwöhnt, weil er sich so gut mit Alison verstand.

„Ich mag Fußball und schreibe gerne", beantwortete er die Frage ‚Was sind deine Hobbys?'. „Schreiben und . . . öh . . . Fußball. Und deine?"

„Tanzen. Ich steh' auf Tanzen. Postmoderner Tanz. Aber ich seh's mir nur an, tanze nicht selber. Ich habe vor Jahren damit aufgehört."

„Ich weiß noch nicht mal, was postmodern bedeutet. Ich meine, wenn es heute modern ist, was kommt nach heute? Morgen, stimmt's? Handelt es sich also nicht um Futurismus?"

„Ich weiß nicht", sagte sie. „Alles, was ich weiß, ist, daß ich's erkenne, wenn ich's sehe."

„Hast du in letzter Zeit mal so was gesehen?" fragte er.

„Nein", sagte sie.

Wieder ein paar unangenehme Minuten, wo sie sich

nur schweigend gegenüber saßen. Warum sah man außer den Angestellten eigentlich nie richtige Japaner in diesen Lokalen? fragte er sich. Bewarfen sie sich zu Hause wohl auch mit Shrimps? Überhaupt, wo lernte man, mit Salz- und Pfefferstreuern zu jonglieren? Hätte Bruce Lee das gekonnt? Vermutlich wäre er der beste Salz- und Pfefferstreuer-Jongleur der Welt gewesen. Obwohl er kein Japaner war. Billy versank in einen Tagtraum über Bruce Lee, der gegen Legionen von japanischen Restaurantbesitzern mit Salamischwertern kämpfte. Plötzlich erinnerte er sich an die Frau, die neben ihm saß. Er schreckte hoch.

„Mensch. Sich mit einer zu verabreden, die man gar nicht kennt . . . uh . . . das kann manchmal das Allerletzte sein", sagte er und wünschte sich sofort, er hätte es anders formuliert. „Nicht dieses Mal, aber manchmal."

„Ich weiß. Die ganze Erwartung . . . zu Hause zu sitzen und zu überlegen, was passiert, wenn er wie Quasimodo aussieht . . . und du denkst wahrscheinlich, was passiert, wenn sie so eine Tussi ist . . ."

„Ganz genau", sagte er, „es ist doch so: Wir machen uns selbst verrückt, und weshalb? Wegen einer Verabredung? Das ist es nicht wert, oder?"

In diesem Augenblick fühlte Billy, wie ihn ein Shrimp genau ins Gesicht traf. Der Chef lächelte entschuldigend und verbeugte sich in Billys Richtung. Die anderen Gäste lachten, ein paar Touristen aus Indiana eingeschlossen, die immer wieder betonten, daß sie es gar nicht glauben könnten, einen Parkplatz für ihren R5 gefunden zu haben. Der Chef bot Billy ein Handtuch an. Er nahm es und wischte sich das Gesicht ab.

„Ich mag diesen Kerl", sagte er zu Lydia. „Was für ein ulkiger Vogel." Und zu sich selbst: Man sollte ihm den Hals umdrehen.

„Ja, das ist er wirklich", bestätigte Lydia und warf

Billy einen freundlichen, wenn auch nicht gerade liebe-
vollen Blick zu. Könnte es sein — war es möglich, daß
sie sich nicht so sehr langweilte wie er? Billy sah weg
und suchte die Ecken des Raumes nach Fernsehgerä-
ten ab. Die Wände des Restaurants waren mit Bambus
verkleidet — vielleicht fühlte er sich deshalb wie in
einem Käfig.

„Okay, die Hobbys haben wir, Sport . . . Ich werde
dich nicht nach den Reizen des Taxifahrens fragen."

„Abgemacht", sagte Billy, obwohl seine besten
Geschichten von den Fahrgästen handelten, mit denen
er zu tun gehabt hatte. Damit hätte er sie stundenlang
unterhalten können. Heb dir das für einen anderen
Zeitpunkt auf. Und einen anderen Ort. Und eine andere
Person. „Und ich werde dich nicht fragen, wie es ist, als
Krankenschwester zu arbeiten."

„Hast du noch irgendwelche andere Interessen?"
fragte sie.

„Von Klippen springen", antwortete er. Sich mit spit-
zen Stöcken in die Augen stechen. Sich mit einem
Hammer auf den Kopf schlagen. Blinddates! „Und du?"

„Schlammcatchen", sagte sie. Sie hatte einen gewissen Sinn für Humor, das mußte er zugeben. Die Kellnerin stellte zwei Buddha-Cocktails mit einem Schirmchen
vor sie hin, der eine war tiefrot, der andere leuchtend
grün. Billy klappte das Papierschirmchen zu, steckte es
in den Cocktail und rührte ihn um, aus keinem anderen
Grund, als sich irgendwie zu amüsieren. Lydia tat das
gleiche; Billy überlegte, ob sie tatsächlich annahm, daß
die Schirmchen dafür da seien.

„Nee, mal im Ernst", sagte er und gab sich einen
Ruck. „Wenn du es genau wissen willst, was ich am
allerliebsten mache: Am liebsten gehe ich ins Kino. Vor
allem in fiese Horrorfilme. Ich finde, *Das Grauen des
Todes* ist ein richtiger amerikanischer Filmklassiker,
genauso wie *Das Texas-Kettensägen-Massaker* und die

Barbra Streisand/Kris Kristofferson-Version von *A Star Is Born."*

„Ich hasse Horrorfilme", entgegnete Lydia. „Ich habe genug davon im Krankenhaus."

„Sie zeigen im Krankenhaus Horrorfilme?" fragte Billy, der nicht genau zugehört hatte.

„Nein, Horror", korrigierte sie ihn. „Echten Horror."

Billy wurde schnell zum Experten in Sachen echten Horrors. Sie hob ihren tiefroten Cocktail und prostete ihm zu. Er hob seinen leuchtend grünen.

„Auf Verabredungen mit Leuten, die man nicht kennt."

„Darauf trinke ich", sagte er. Bis zum Umfallen, wenn möglich.

Am nächsten Morgen traf er Alison in der Küche. Sie trank gerade Kaffee und versuchte, die Zeitung zu lesen, obwohl sie zerstreut wirkte. Er machte sich ein Zwiebelbrötchen mit Frischkäse und fragte sie, ob sie auch eins haben wollte.

„Nein, danke", sagte sie. „Ich bin viel zu nervös, um zu essen. Ich hatte heute nacht solche Alpträume. Daß der Film verlorengeht. Daß niemand kommt . . . das war der schlimmste. Ich bin die einzige, die zu dem Termin erscheint, und zwar am falschen Tag und am falschen Ort . . . Billy, ich mache erst seit zwei Tagen diesen Job! Ich habe den Eindruck, daß mir alles über den Kopf wächst. Als ob ich gar nicht mehr wüßte, was ich tue!"

„Niemand weiß das", sagte er und stellte den Frischkäse zurück in den Kühlschrank. „Diejenigen kommen vorwärts, die am längsten bluffen können." Als er sich umdrehte, sah er, daß Alison gedankenverloren sein Brötchen genommen hatte und es aß. Er nahm den Frischkäse wieder aus dem Kühlschrank heraus und fand noch ein Brötchen. „Alison, mach dich nicht kaputt. Du stehst erst am Anfang deiner Karriere."

„Ich mache mir mehr Sorgen um Jo", sagte sie.

„Jo? Habe ich irgendwas nicht mitgekriegt?"

„Sie macht die Aufnahmen."

„Du machst Witze."

„Warum? Warum glaubst du, daß ich Witze mache? Was weißt du schon? Billy . . ." Sie folgte ihm ins Wohnzimmer.

„Kein Wunder, daß du nicht schlafen konntest. Sie wird fürchterlich sein. Sie ist kompliziert, wird sich nichts sagen lassen. Sie wird einen riesigen Wirbel machen. Sie hat die emotionale Stabilität eines schlechtgelaunten Postbeamten."

„Kannst du bitte damit aufhören", schrie Alison ihn an. „Sie ist eine super Fotografin."

„Okay, du hast recht, ich übertreibe", sagte er. Alles, was er über Jo wußte, hatte er von Jake gehört, und der war vermutlich etwas voreingenommen. „Ich nehme an, du weißt, was du tust . . ."

Alison nahm ihre Aktentasche und lief zur Tür. „Bevor ich gehe — wie war deine Verabredung?"

„Nett. Okay. Ging so. Es war völlig daneben. Ich weiß nicht."

„Doch so gut? Geht ihr noch mal aus?"

„Ich habe gesagt, daß ich anrufen würde, aber ich werde es nicht tun."

„Billy", sagte Alison entsetzt. „Das ist gemein."

„Ich wollte nur höflich sein — das sagst du doch immer", verteidigte er sich. „Ach . . . wir haben Spaß gehabt, oder so einigermaßen wenigstens, nehme ich an, aber es hat nicht gefunkt. Ich bezweifle, daß sie wirklich damit rechnet, daß ich anrufe."

„Meine Güte, wie ich das hasse, Billy. Frauen sind optimistischer als Männer — wir glauben immer, daß das zweite Treffen besser wird. Du sitzt da und wartest, einen Tag, zwei Tage, aus einer Woche werden zwei . . . dann weißt du, daß er nicht anrufen wird, und du wirst dir darüber klar, wieviel Zeit du mit der Hoffnung verschwendet hast, und bevor du es merkst, hat es nichts mehr damit zu tun, ob du ihn überhaupt magst oder nicht — es geht dann nur noch darum, daß der Scheißkerl nicht angerufen hat, und du willst, daß er anruft, obwohl du ihn auf den Tod nicht ausstehen kannst und ihm am liebsten die Augen auskratzen würdest."

Billy wartete, daß Alison aufhörte. Sie atmete einmal tief durch, dann noch einmal, und schien sich langsam zu beruhigen.

„Du meinst also, daß ich sie anrufen soll?" fragte er.

Sie sah aus, als würde ihr Mitbewohner sie langsam auf die Palme bringen. „Ja, Billy. Ich denke, das solltest du tun." Durch das offene Fenster sah sie Jo auf dem gegenüberliegenden Balkon stehen. Jo winkte zu ihr herüber. Es war Zeit, loszufahren. „Mach's richtig, Billy. Oder mach überhaupt etwas. Laß sie nicht hängen."

Jo war mit ihrer Fotoausrüstung schwer beladen, so daß Alison eine Tasche mit Blitzgeräten und Reflexschirmen nahm. Unten beim Swimmingpool stießen sie mit Jake zusammen, der gerade seine Zeitung holte.

„Was ist denn hier los?" fragte er.

„Ein Job", sagte Jo. „Einer dieser Jobs, bei dem man bezahlt wird. Richtiges Geld. Alison hat ihn mir besorgt."

Jake lächelte. „Das ist ja toll. Herzlichen Glückwunsch."

„Danke."

„Kann ich irgendwas helfen?" fragte er.

„Bete für mich", sagte Jo. Alison erinnerte sie, daß sie nun wirklich los mußten. Jake folgte ihnen auf den Hof.

„Zeig's ihnen!" rief er laut.

Hintern. Hintern und Bäuche. Bäuche, Bauchmuskeln und Bizeps. Gebräunte Körper und Oberarme wie die von Popeye. Scharfgeschnittene Wangenknochen im Profil, angespannte Wadenmuskeln. Ein knackiger Po mit Grübchen, in denen man einen Golfball hätte verstecken können – der männliche Körper in herrlicher Perfektion. Alison fand, daß der Fototermin sowohl eine sinnliche als auch eine ermüdende Erfahrung war, nüchtern und wissenschaftlich und zugleich kreativ und dynamisch. Sie hatten ein Studio in Westwood on Wilshire gemietet, wo sie den größten Teil des Vormittags damit verbrachten, die Ausrüstung zu testen, für die Stecker die passenden Steckdosen zu orten, die richtigen Kabel und Stromquellen zu finden, das Studio auszustaffieren, bei Bedarf hin und her zu rennen, um Requisiten zu organisieren, als Test Polaroidfotos zu machen, um das Layout und die Perspektive noch einmal zu überprüfen.

Rex kam am Mittag. Der Fototermin begann um eins, sobald er gekämmt und geschminkt war – geputzt, gepudert, geschniegelt und gestriegelt. Jo legte auf der Anlage im Studio Rap auf, um die Stimmung anzuheizen. Als Rex ein paar halbherzige Tanzschritte machte, feuerte Jo ihn an, sie scherzte, sie schimpfte, und meistens schmeichelte sie ihm. Sie wirbelte um ihn herum, nah heran, dann wieder zurück, um Nahaufnahmen und Aufnahmen aus der Totale zu machen, während der Motor an ihrer Kamera surrte, wechselte Objektive, tauschte Filme aus, sagte ermutigende Dinge und bediente das Blitzlicht im Takt der Musik. Sie schien sich vor allem auf den Hintern von Rex zu konzentrieren, aber das machten alle anderen anwesenden Frauen und ein paar der männlichen Techniker auch.

Lucy, Alison, Amanda und Arnold standen hinter der Kamera und sahen zu. Jo hatte genau in dem Moment einen Film vollgeknipst, als die Musik aufhörte. Sie machte eine Pause, um die Kamera zu wechseln.

„Sag die Wahrheit", sie blitzte Rex herausfordernd an, „du hast so was schon vorher gemacht."

„Nee. Ich bin Jungfrau ..."

Lucy lehnte sich zu Alison hinüber und flüsterte ihr ins Ohr: „Sie ist wahnsinnig. Das läuft besser, als ich gehofft hatte." Sie wandte sich zu Arnold. „Wir kriegen hier tolle Ergebnisse, Arnold."

„Sieht super aus!" stimmte ihr der Firmenmann zu.

„Make-up! Entstaubt ihn ... und jemand soll mir eine Leiter suchen", rief Jo, die immer noch in einer kreativen Hochspannung war.

Lucy griff nach Alisons Arm. „Ich glaube, sie hat all das drauf, was wir brauchen. Warum verabschieden Sie sich nicht, und wir gehen dann?"

Alison fühlte sich erleichtert und war froh, daß es so gut lief. „Auf jeden Fall."

„Rex", rief Arnold, „ich sehe dich nachher im Hotel."

„Ihr macht gute Arbeit, ihr alle zusammen!" rief Lucy und ging mit Arnold und Amanda hinaus.

Alison nahm Jo zur Seite. „Du machst das toll", sagte sie zu ihrer Freundin.

„Danke", sagte Jo und senkte ihre Stimme fast zu einem Flüstern. „Sperr jetzt mal die Ohren auf."

„Sind offen ..."

„Wir machen hier gute Arbeit, stimmt's?"

„Alle sind davon überzeugt", bestätigte Alison anerkennend, aber etwas verwirrt.

„Toll, aber es ist nur der übliche Standard, simple Fotos. Der Kunde wird es mögen, aber es wird ihm nicht die Sprache verschlagen, oder?"

„Nun ja ... ich weiß nicht, jeder hier – "

„Was ich meine, ist, daß ich ein bißchen was Bizarres machen will. Etwas Neues. Etwas ... Unverwechselbares."

Lucy ließ Alison ausrichten, man würde schon auf sie warten. Alison versicherte, sie käme gleich. Und was Jo anbetraf — kreative Leute brauchten Freiräume, oder?

„Mach's einfach", sagte sie zu Jo. „Leg los. Du hast mich bisher nicht enttäuscht. Es geht hier gut ab, was?"

„Du hast ja keine Ahnung", sagte Jo, als sie Alison hinausgehen sah. Und ich auch nicht . . . Als sie und Rex alleine waren, drehte sie sich zu ihm mit einem Lächeln um.

„Okay, Rex . . .", sagte sie. „Hosen runter."

Im Shooters war Margarita-Night, so daß es gerammelt voll war. Aus irgendwelchen Gründen war das Shooters vor kurzem von den Collegestudenten entdeckt worden, vor allem von jungenhaften Typen vom UCLA, der Universität von Los Angeles, die Baseballmützen und ausgeleierte Shorts trugen. Normalerweise waren sie laut und nervig, hatten nichts zu sagen und wußten genausoviel über vernünftigen und verantwortungsbewußten Alkoholkonsum wie Kindergartenkinder. Manchmal ließen sie sich solange vollaufen, bis irgendeiner sich auf der Toilette oder dem Parkplatz übergeben mußte, aber Billy und Jake tolerierten ihre Anwesenheit, weil es einfacher war, ihnen beim Billard Geld abzunehmen, als einem Baby Süßigkeiten zu klauen: Wenn ein Baby schreit, ist es schwer, sich nicht davon rühren zu lassen. Je mehr Geld sie verwetteten, desto nervöser wurden die College-Jungs und desto schlechter spielten sie. Billy war nur pro forma Jakes Partner. Bei neun Kugeln räumte Jake normalerweise den Tisch ab, ohne auch nur einen Stoß abzugeben. Meistens versenkte er die Neun, bevor Billy überhaupt ans Spiel kam. Der brauchte nichts anderes zu tun, als seinen Anteil des Gewinns einzutreiben.

An diesem Abend saßen die beiden an der Bar, wo Billy Jake von seinen Problemen erzählte.

„So habe ich sie dann bloß angerufen, um mein Wort zu halten", sagte Billy. „Ich weiß nicht, was passiert ist. Sie hat mich zum Essen eingeladen. Ich wollte sie eigentlich loswerden. Und nun sitze ich in der Falle."

„Dein erster Fehler war, daß du ihr überhaupt versprochen hast, anzurufen", stellte Jake fest. „Dein zweiter Fehler war, auf Alison zu hören. Das passiert dir vermutlich tagtäglich. Was willst du damit erreichen? Willst du Lydia nun völlig fertigmachen? Und das soll besser sein?"

„Willst du auch noch das Allerschlimmste wissen?" fragte Billy. „Ich glaube, die ganze Sache nervt Lydia genauso sehr wie mich."

„Es ist der größte Fehler, sich mit Leuten zu verabreden, die man nicht kennt", sagte Jake. „Eine Anzeige unter ‚Bekanntschaften' in der Zeitung aufzugeben, wäre besser — dann stünden deine Chancen zumindest fifty-fifty. Wenn jemand dich verkuppeln will, stehen deine Chancen schlechter als fifty-fifty, weil der hilfreiche Freund denkt, daß ihr beide Loser seid, sonst hätte er euch in Ruhe gelassen."

„Danke, daß du mir sagst, daß ich ein Loser bin", sagte Billy.

„Du weißt schon, was ich meine."

„Beziehungen, was Festes, sind ein großer Fehler. Wenn man nur ohne klarkäme."

„Du hast dich doch ganz gut gehalten bisher", sagte Jake.

Billy hörte nicht zu, sondern schaute über Jakes Schulter. Jo kam gerade herein, ein gutaussehendes Mannsbild im Schlepptau. Alison hatte Rex Weldon erwähnt; Billy nahm an, daß er das war. Jake drehte sich um, um festzustellen, wo Billy hinsah.

„Hast du nicht gesagt, daß Jo immer noch in der Ich-will-noch-keine-Beziehung-Phase ist?"

Jake antwortete nicht. Jo führte Rex zu einem Tisch

in der Ecke und ließ sich auf den nächstbesten Stuhl fallen, erschöpft und laut seufzend.

„Hey, wieso bist du so müde?" fragte ihr Model. „Du hattest doch einen einfachen Job. Alles was du tun mußtest, war Fotos zu machen."

„Ich werde deinen Hintern berühmt machen", antwortete sie.

„Er ist schon berühmt."

„Berüchtigt wäre wohl eher das richtige Wort."

„Einige Frauen finden das anziehend."

„Einige Frauen finden Psychopathen anziehend", sagte Jo. „Über Geschmack läßt sich nicht streiten, was ein Glück ist, denn wenn man darüber streiten könnte, gäbe es keine Werbung, und du müßtest einen richtigen Job annehmen."

„Einige Frauen mögen Typen ohne richtigen Job. Solange sie Geld haben."

„Einige Frauen stehen auch auf Trophäen."

„Das heißt also, daß ich bessere Chancen bei dir habe, wenn du mich erst rumkriegen mußt."

„Rex, du könntest Mozart auf einem mit Wachspapier umwickelten Kamm spielen, und du hättest immer noch keine Chancen bei mir." Rex war einer dieser Typen, die nein nicht als Antwort akzeptierten; kaum daß er wußte, wie man es schrieb. Jede Abfuhr schien ihm nur noch mehr Ansporn zu geben. Sie blickte hinüber und entdeckte Jake an der Bar, gerade in dem Moment, als Rex ihr Haar berührte.

„Hattest du immer kurze Haare?" fragte er. Sie schlug seine Hand weg.

„Ich war kahl, als ich geboren wurde. Entschuldige mich für einen Moment." Sie fing Jake gerade noch ab, als er auf den Ausgang zusteuerte. Er war sauer, soviel war klar.

„Jake . . .", sagte sie.

„Jo . . . wie geht's dir?" Er tat so, als würde es ihm

nichts ausmachen, aber sie kaufte es ihm keinen Augenblick lang ab. „Die Aufnahmen liefen gut, nehme ich an?"

„Mehr als gut. Ich glaube, ich habe einen Trumpf in der Hand", erzählte sie ihm.

Er sah zu Rex hinüber. „Sieht so aus."

„Er ist harmlos, schätze ich." Sie wußte nicht, was sie sagen sollte. Vielleicht mußte sie ihre Beziehung näher erklären. Sie hatte den Eindruck, als müßte sie sich rechtfertigen, und war ein bißchen sauer darüber.

„Na gut." Es gab eine unbehagliche Gesprächspause.

„Ach komm, Jake — wir trinken nur noch einen zusammen. Wie du und Rusty."

„Habe ich irgendwas gesagt?"

„Sei nicht so. Bitte."

„Entschuldige." Er zuckte mit den Schultern. „Ich kann nichts dafür. Es tut nur weh, euch zuzusehen, okay?" Sie wollte ihm sagen, daß es nichts gab, wobei man zusehen konnte, daß er nur stur war, wie immer. Aber bevor sie weiterreden konnte, war er aus der Tür raus.

Als sie sich umdrehte, merkte sie, daß Rex neben ihr stand. „Ich lad' dich zum Essen ein", sagte er, nahm sie beim Ellbogen und führte sie zur Tür. „Keine Widerrede."

Tatsache war, daß sie den ganzen Tag noch nichts gegessen hatte und der Kühlschrank zu Hause leer war und sie kein Geld hatte und sie jetzt auch nichts bei Jake erreichen konnte, so daß sie damit einverstanden war, Rex zu einem guten Abendessen zu begleiten. Nur sie drei — sie, Rex und Rex' Ego. Sie wäre jede Wette eingegangen, daß Rex ein Restaurant mit einer Masse von Spiegeln aussuchen würde.

Jake sah sich David Letterman ohne Ton im Fernsehen an, als er jemanden an seine Tür klopfen hörte. Er ging hin, weil er hoffte, daß es Jo wäre, aber statt dessen war es Alison.

„Hi", sagte Alison, wie immer fröhlich und munter, eine Stimmung, die Jake im Moment, gerade in diesem Moment, überhaupt nicht teilen konnte. „Jo ist nicht da, oder? Sie ist nach den Aufnahmen verschwunden."

„Na ja, sie ist im Shooters wieder aufgetaucht", sagte er.

„Was hat sie da gemacht?"

„Unter anderem mit Rex Weldon, dem Wunderhengst, geflirtet, ich hab' keine Ahnung. Vielleicht hat sie ihm auch erzählt, daß sie noch nicht zu einer Beziehung bereit ist. Es ist ein toller Satz — sie wirkt damit so sicher."

„Moment mal — sie hat Rex ins Shooters mitgenommen?"

„Ich glaube, die alte Regel, nicht mit den Leuten zu vögeln, mit denen man arbeitet, trifft nicht auf Fotografinnen zu."

„Sie sollte zu Hause sein", sagte Alison, „und unseren Film entwickeln. Wir haben einen Termin. Ich hatte gehofft, sie wäre in ein anderes Labor gegangen, als sie nicht zu Hause war."

Sie hörten, wie das Tor zum Hof geöffnet wurde, und sahen Jo und Rex kommen, die über irgend etwas laut lachten.

„Oh", sagte Jo, als ob sie nicht wüßte, daß sie dort wohnten. „Hi, Leute."

„Jo. Rex", sagte Alison leise.

„Die Welt ist klein", sagte Rex. „Folgst du uns?"

„Ich wohne hier", stellte Alison klar. Sie zog Jo zur Seite. „Ich dachte, ich würde heute abend die Abzüge sehen."

„Immer mit der Ruhe", sagte Jo. „Ich geb' sie dir morgen früh, als allererstes."

Alison konnte nicht feststellen, ob Jo betrunken oder nur albern war. „Wenn ich du wäre", ermahnte sie sie, „würde ich gleich damit anfangen . . . jetzt."

Jo schüttelte nur den Kopf und wandte sich zu Rex. „Danke, für das Abendessen, Rex", gurrte sie. „Es war ein toller Abend."

„Klar . . . Wie wär's mit 'nem — "

„Ein anderes Mal", sagte Jake.

„Klar", sagte Rex und grinste Jake großspurig an.

Alison wäre nicht überrascht gewesen, wenn Jake ihm die Zähne eingeschlagen hätte.

Rex lehnte sich hinüber und küßte Jo auf die Wange. „Gute Nacht", sagte er.

„Gute Nacht", sagte Jo und ging zur Treppe, drehte sich dann noch einmal zu Rex, Alison und Jake um. „Allen gute Nacht", fügte sie hinzu.

3

Nummer Sicher oder Risiko?

Am nächsten Morgen wachte Alison schon eine Stunde vor dem Piepsen des Weckers auf. Wie sehr sie es auch versuchte, sie konnte nicht mehr einschlafen. Jo stellte sich immer mehr als schrille Type heraus, mehr, als sie erwartet hatte — oder gehörte das alles nur zum Programm? Gehörte es dazu, sich sofort um so etwas den Kopf zu zerbrechen, sobald man Verantwortung, Autorität und Macht bekam? Wenn es auch ansonsten nicht so toll war, war es zumindest einfacher gewesen, am Empfang zu arbeiten, weil so wenig von einem erwartet oder verlangt wurde. Ein Teil ihres Jobs würde ab jetzt darin bestehen, gute Leute zu finden, ihnen zu vertrauen und das Beste aus ihnen herauszuholen, ohne daß sie dabei abdrehte. Sie mußte sich daran gewöhnen.

Trotzdem beschloß sie, daß sie nachsehen sollte, wie Jo vorankäme, je eher, desto besser. Sie duschte und zog sich schnell an, aß ein Schälchen Müsli mit Rosinen und Nüssen und klopfte dann an Jos Tür. Jo erschien im Bademantel, hatte verschlafene Augen und sah vollkommen weggetreten aus. Alison konnte nicht anders, als über Jos Schulter zu schauen und zu hoffen, nicht Rex zu Gesicht zu bekommen, sich aber darauf gefaßt zu machen.

„Guten Morgen", sagte Alison und versuchte, gutgelaunt zu klingen.

„Morgenstund' hat Gold im Mund?" fragte Jo.

„Ungefähr so was."

„Ich steh' nicht auf Goldzähne", sagte Jo und trat zur

55

Seite, damit Alison hereinkommen konnte. „Das bringt nur den Zahnärzten was. Aber sprich mich nicht an, bevor ich nicht einen Kaffee getrunken habe. Ich war die ganze Nacht auf . . . wie du angeordnet hattest. Kaffee?"

„Schwarz", sagte Alison. „Ich wollte alles noch mal mit dir durchgehen, bevor ich losfahre." Sie sah Jo dabei zu, wie sie je einen Löffel löslichen Kaffee in zwei Becher schüttete, sie dann mit heißem Wasser aus dem Hahn auffüllte, als ob Kaffee mehr eine Medizin und ein Gegengift wäre als ein Genußmittel. „Du hast den Rest des Fototermins gut über die Bühne gebracht, nehme ich an. Als Rex dich gestern abend hier ablieferte, sah es so aus, als ob ihr ziemlich gut miteinander auskommt. Ich hoffe, daß sich das auf die Aufnahmen ausgewirkt hat, denn ich brauche dir wohl nicht zu erzählen, daß der Ausgang dieses Auftrags mein Leben sehr stark beeinflussen wird oder jedenfalls die Karriere, die ich mir gerade aufbauen will."

Jo reichte Alison eine Tasse Kaffee. „Alison, für mich ist das auch wichtig."

„Warum mußtest du dann mit Rex ausgehen?"

„Was hat das damit zu tun?"

„Es ist einfach nicht professionell, deshalb. Amanda sagt das auch. Man läßt sich nicht mit Kunden oder Models ein. Man tut es einfach nicht."

Jo starrte Alison ungläubig an. „Wer ist Amanda, die Anstandsdame der Werbung? Ich bin mit dem Typen essen gegangen. Er sah gut aus, ich war neugierig. Zufällig hat er sich als fürchterlicher Langweiler mit dem geistigen Tiefgang eines Backblechs entpuppt." Sie nippte schaudernd an ihrem Kaffee.

„Er hat mich auch eingeladen, weißt du", sagte Alison. „Und ich habe nein gesagt."

„Er hat erzählt, daß ihr zwei einen trinken gegangen seid."

„Ja, aber der Punkt ist, daß — "

„Der Punkt ist, daß ich mich nicht nach anderen Leuten richte", sagte Jo. „Es tut mir leid, wenn dir das unangenehm ist."

Alison seufzte. „Ich glaube, daß Jake auch nicht gerade glücklich darüber ist."

„Das geht nur mich und Jake was an." Jo zog den Gürtel ihres Bademantels fester. „Alison, was soll das alles?"

„Entschuldige", sagte Alison, die erkannte, daß sie zu weit gegangen war. Es war schwierig, jemanden zu beschäftigen, mit dem man befreundet war. Je länger sie darüber nachdachte, desto klarer wurde ihr, daß es von der Natur der Sache her kontraproduktiv war, wenn man sich zu sehr mit den Leuten einließ, mit denen man arbeitete, selbst wenn sie das gleiche Geschlecht hatten. Vielleicht verhielt es sich anders, wenn man Küchenschränke produzierte, dann wollte man vielleicht sogar kontraproduktiv sein. „Okay, du hast recht. Wann sehe ich die Dias?"

„Ich bring' sie dir heute nachmittag ins Büro."

„Super. Danke für den Kaffee."

Nachdem Alison gegangen war, lehnte Jo einen Augenblick in der Tür. Sie fühlte sich, als ob sie irgendwie verarscht worden war, ohne recht zu wissen, weshalb. Wenn sie irgendwas falsch gemacht hatte, mußte sie sich später darüber Gedanken machen. Jetzt brauchte sie erst mal noch eine Tasse Kaffee und vielleicht auch noch drei Stunden Schlaf. Das andere mußte warten.

Rhonda konnte mit geschlossenen Augen feststellen, daß Palisades Estates eine exklusive Wohngegend war. Obwohl sie die Augen geschlossen hatte, wußte sie, daß die Straße eben war, ohne Risse oder Schlaglöcher. Es schien kühl zu sein, was bedeutete, daß die Straße, auf der sie sich befanden, vermutlich von Bäumen gesäumt wurde. Das Gefälle war stärker als anderswo, woraus sie schloß, daß sie sich irgendwo in den Hollywood Hills oder vielleicht im Laurel Canyon befanden. Sie konnte frischgebrühten Kaffee riechen und nahm an, daß es eine teure französische Röstung war. Als sie Rasenmäher hörte, hörte sie mehr als einen, alle aus derselben Richtung, was bedeutete, daß jemand Gärtner beschäftigte.

Sie hielt die Augen geschlossen, weil Terrence sie darum gebeten hatte. Er hatte ihr nur gesagt, sie sollte sich auf eine Überraschung vorbereiten. Sie würden ein paar Leute treffen.

„Wie lange noch?" fragte sie. „Ich sterbe gleich vor Neugier."

„Geduld", sagte er. Sie merkte, wie der Wagen anhielt. Dann hörte sie, wie er um den Mercedes zu ihrer Seite herumging und ihr die Tür öffnete. „Okay. Mach die Augen auf."

Sie standen vor einem riesigen, frisch renovierten Tudorhaus in genauso einer Wohngegend, wie Rhonda es erwartet hatte.

„Terrence, wer sind diese Leute, die wir treffen?" fragte sie. „Ich bin nicht entsprechend angezogen."

„Du siehst gut aus. Dies ist keine Gelegenheit, für die man sich schick machen muß."

„Diese Häuser sehen aber ziemlich schick aus." Rhonda sah sich um. Das Haus auf der gegenüberliegenden Straßenseite hatte zwei steinerne Löwen links und rechts vom Vordereingang. Auf dem Kopf des rechten saß eine Katze. Terrence nahm einen Schlüssel aus der Tasche.

„Vielleicht", sagte er. „Aber die Leute in diesem Haus machen wirklich nicht viel Aufhebens." Er schloß die Tür auf, die aus massiver Eiche war. Schwer wie die Tür eines Schlosses, dachte Rhonda.

58

„Was ist hier eigentlich los?" fragte sie.

Terrence lächelte und machte dann eine schwungvolle Bewegung mit dem Arm. „Ihr Palast erwartet Sie, Madame."

Rhonda trat hinein und überlegte, wo der Haken dabei war. Sie sah kein Möbelstück, dafür aber polierte Holzfußböden, Buntglasscheiben an den Seiten der Wohnzimmerfenster, ein ausladendes Treppenhaus, Aufsätze aus Eiche und genug Platz, um drei der Häuser, in denen sie aufgewachsen war, darin zu verstekken.

„Wenn du es schrecklich findest, brauchen wir es nicht zu kaufen. Aber gib ihm eine Chance. Das Wohnzimmer hat Teppich, aber das Eßzimmer einen Steinfußboden. Wir können den Kerzenleuchter wegnehmen, wenn du meinst, daß er zu erschlagend wirkt. Eine moderne Küche mit allem Drum und Dran, Geschirrspülmaschine, vier Schlafzimmer, Arbeitszimmer, Bügelzimmer . . . geh mal rum. Es ist ganz okay."

Rhonda konnte nicht glauben, was sie hörte. Ihr kam es noch immer so vor, als würden sie in ein fremdes Haus einbrechen.

„Wir werden uns hier verlaufen, Terrence. Wir sind nur zu zweit."

Terrence ging zu ihr herüber und nahm ihre Hand. „Na ja", sagte er und lächelte wieder, „wenn du dazu bereit bist, könnten wir ja auch eine Familie gründen. Es hat keine Eile, natürlich, aber es schadet ja nicht, vorbereitet zu sein." Er küßte sie auf die Wange.

Rhonda wußte nicht, was sie sagen sollte, aber sie fühlte, wie ihr eine Gänsehaut den Rücken hochlief. Ihr schoß der Gedanke durch den Kopf, ob es in dem Haus wohl spukte, dann rügte sie sich selbst, wie albern sie war.

„Ist alles in Ordnung?" fragte er.

„Oh, mir geht's gut. Ich bin nur so aufgeregt."

Terrence legte seinen Arm um sie. „Ich wußte es. Ich hätte dich damit nicht so überfallen sollen, aber ich habe mich auf den ersten Blick in das Haus verliebt. Genau wie in dich."

„Es ist wunderschön, Terrence", sagte Rhonda und versuchte, optimistisch zu klingen. Er sah so glücklich aus, wie sie ihn noch nie gesehen hatte.

„Wirklich, bist du dir sicher?"

„Na klar."

Er umarmte sie. „Du machst mich so glücklich, Rhonda", sagte er. „Ich liebe dich so sehr."

Rhonda fühlte sich in den Armen dieses Mannes gefangen, gefangen in seinem Leben, wie eine Fliege in einem Spinnennetz. Nein, so durfte sie das nicht sehen. Nicht gefangen . . . Es war ein Deal, mit hohen Risiken, aber auch mit hohen Gewinnen. So konnte man es auch nicht sehen. Sie mußte aufhören, sich selbst das Leben schwerzumachen. Einfacher gesagt als getan.

„Ganz ehrlich", sagte Terrence.

„Ich liebe dich auch", sagte sie. Da war natürlich noch mehr, was gesagt werden mußte, aber erst mal mußte sie herausbekommen, was es war.

Alison hockte in ihrer Kabine, sah ständig auf die Uhr und aß eine Banane, während Amanda ihr gegenüber saß und an einem Snickers knabberte. Amanda war eine dieser Frauen, hatte Alison festgestellt, die ein schönes Gesicht, eine tolle Figur, eine perfekte Haut und phantastische blonde Haare hatten und trotzdem essen konnten, was sie wollten, ohne jemals auch nur ein Pfund zuzunehmen — kurz und gut, eine dieser Frauen, die man zusammentreiben und auf irgendeine Insel verbannen sollte. Bei ihrem Glück, sann Alison nach, würde sich aber bestimmt der Mann, in den sie sich verlieben sollte, nach einem Schiffbruch auf diese Insel retten.

Alison sah zum x-ten Male nach der Uhr. „Die Dias sollten längst hier sein."

„Das sagst du jetzt schon seit einer Stunde alle fünf Minuten", stichelte Amanda. „Ruf den Botendienst noch mal an."

Alison wurde diese unangenehme Pflicht erspart (Leute anzuschreien war auch so ein Arbeitsbereich, an den sie sich nur schwer gewöhnen konnte), weil im gleichen Moment der Bote auf der Bildfläche erschien, ein zerstreuter Surfer-Typ, der Walkman hörte und ein T-Shirt trug, auf dem zu lesen war: *Wir liefern wie der geölte Blitz.*

„Hierher, du Wahnsinnsgeschoß", rief Amanda ihm zu.

Aus seinem nichtssagenden Gesichtsausdruck schloß Alison, daß er die Intelligenz eines Zaunpfahls hatte und vermutlich halb soviel Persönlichkeit. Amanda gab Alison das Paket zum Unterschreiben. Sie konnten ohne Probleme die Musik aus den Kopfhörern vernehmen.

„Guns 'n Roses macht dich impotent, wußtest du das?" sagte Amanda.

„Was?"

„Guns 'n Roses macht dich impotent", wiederholte sie.

„Cool", sagte er. „Ist doch gut, nicht?"

„In deinem Fall ist es das bestimmt", sagte Amanda.

Alison beobachtete, wie der Junge vom Botendienst verschwand, und legte dann die Dias auf den Leuchttisch, wobei sie langsam ein flaues Gefühl kriegte. „Ich glaube das einfach nicht", sagte sie, als sie damit fertig war, ein Dia nach dem anderen anzusehen.

Amanda stellte sich neben sie. „Was?"

„Na ja", sagte Alison, „das sollten doch eigentlich Werbefotos für Unterwäsche werden, stimmt's?"

„Ja, und?"

„Da ist keine Unterwäsche."

Amanda blickte sie an. „Oh, mein Gott."

„Er ist absolut nackt", sagte Alison. „Auf jedem Bild." Das letzte Mal, als sie so schockiert gewesen war, hatte ihr Vater behauptet, der Schlitten des Weihnachtsmannes habe einen Unfall in einem Kornfeld in Iowa gehabt. Sie hoffte, daß es sich dieses Mal auch um einen schlechten Scherz handelte.

„Auf diesem lächelt er zumindest nett", sagte Amanda. „Aber wer achtet schon auf das Lächeln."

„Ich bring' sie um", schnaubte Alison.

Sie versuchte dreimal, Jo anzurufen, aber es war immer besetzt. Normalerweise hieß das, daß Jo den Hörer neben den Apparat gelegt hatte und in der Dunkelkammer beim Entwickeln war. Jeder andere würde einfach den Anrufbeantworter einschalten, aber Jo hatte sie gewarnt, daß sie sich grundsätzlich nie so verhielt, wie andere Leute es von ihr erwarteten.

Alison stieg in ihr Auto und fuhr zum Melrose Place zurück. Wie sie vermutet hatte, fand sie Jo in der Dunkelkammer. Sie bat Alison, draußen zu warten. Alison schimpfte durch den schweren schwarzen Vorhang auf sie ein.

„Was hast du dir dabei gedacht? Hast du das gemacht, um mich in Verlegenheit zu bringen?"

„Ach Quatsch, Alison", rief Jo. „Ich habe eine professionelle Entscheidung zwischen konventioneller, langweiliger Arbeit, die jeder Hobbyfotograf hätte machen können, und etwas Frischem, Originellem, was mir gefällt, getroffen."

„Darum geht es gar nicht, Jo! Wir verkaufen *Unterwäsche*. Er hat keine getragen. Vielleicht ist Rex' Hintern frisch, aber hier geht es um Werbung. Der Kunde möchte gerne sein Produkt sehen."

„Wenn du genau hingeschaut hättest, hättest du bemerkt, daß sich auf einigen Fotos der Slip an einem seiner Fußgelenke befindet, und auf ein paar anderen hat er ihn in der Faust zusammengeknüllt, die er auf der Hüfte abstützt." Jo tauchte aus der Dunkelkammer auf und ging in Richtung Küche. Alison folgte ihr.

„Gibt es irgendwelche Dias von den normalen Aufnahmen?" fragte sie. „Oder ist das zuviel verlangt?"

„Du mußt zugeben", sagte Jo, „daß er ein ziemlich stabiles Ding hat." Sie lachte.

„Jo, ich finde das nicht lustig!" Alison schäumte vor Wut. „Das ist mein Job, und du arbeitest für mich. Hast du die Dias jetzt oder nicht?"

Das Lächeln verschwand von Jos Gesicht. Sie ging zu einem Tisch, nahm einen festen braunen Umschlag und drückte ihn Alison mit solcher Abscheu in die Hand, als ob er voller Tausendfüßler wäre. „Hier."

Alison öffnete das Kuvert und hielt eine Din-A4-Kunststoffhülle gegen das Licht, in der ein Dutzend Dias waren, die konventionellen Aufnahmen, die Jo zu Anfang gemacht hatte. Es gab insgesamt etwa zwanzig dieser Kunststoffhüllen.

„Alison, sei ehrlich. Die Fotos sind okay, aber sie entsprechen dem, was jeder erwarten würde. Habe ich recht?"

„Ja, sie entsprechen dem, was ich erwartet hatte."

„Aber die anderen Arbeiten sind dramatischer. Sie überraschen. Sind witzig. Kannst du wirklich hier sitzen und im Ernst behaupten, daß die Aufnahmen, die ich dir geschickt habe, dich nicht umgehauen haben und dich vielleicht auch amüsiert hätten, wenn du nicht völlig panisch bei dem Gedanken gewesen wärst, daß du einmal im Leben die Regeln nicht beachtest?"

Alison packte die Dias wieder in den Briefumschlag und ging zur Tür. Sie fühlte sich hin und her gerissen und überlegte, ob sie sich tatsächlich entschuldigen mußte. Hier gab es irgendein Mißverständnis, und sie wollte die Sache klären. „Schau, ich bin keine Künstlerin", sagte sie. „Ich gebe es zu. Vielleicht bin ich viel spießiger, als du erwartet hast. Aber ich tue das, was man von mir verlangt. Und ich versuche, es gut zu machen. Vielleicht bin ich so erzogen worden, okay? Vielleicht ist das der Grund, warum ich befördert wurde."

„Gut. Aber wenn du selbst keine Künstlerin bist und es dein Job ist, mit Künstlern zu arbeiten und Künstler einzustellen, dann wäre es vielleicht besser, wenn du lernen würdest, ihnen zu vertrauen und auf sie zu hören, anstatt ihnen zu erzählen, daß du es besser weißt. Alison . . ." Jo beugte sich verschwörerisch vor. „Haben dir die verrückten Aufnahmen nicht gefallen? Sei ehrlich, es bleibt unter uns. Die verrückte Perspektive, die Nacktheit, war da nicht ein Teil in dir, der grinsen mußte, dem das Unerwartete gefallen hat?"

Alison überlegte. „Na ja, gut. Ich meine, die Arbeit war gut. Ich habe nie behauptet, daß sie es nicht wäre. Es war nur nicht das, was sie wollten."

„So?" sagte Jo. „Wenn dir was gefällt, dann geh' ein Risiko ein, zum Teufel noch mal."

„Aber hier geht es ums Geschäft, und ich bin neu."

„Und sie haben dich eingestellt, damit du du selbst bist", sagte Jo. „Nicht, weil sie versuchen wollen, dich wie alle anderen zu klonen. Ehrlich zu sein ist die einzige Möglichkeit, sich von der Masse abzuheben. Überleg doch mal — mehr als nein können sie nicht sagen."

Alison öffnete die Tür und steuerte auf ihr Auto zu. „Nein, sie könnten mehr als das tun. Sie könnten mich feuern."

Jo zuckte mit den Schultern und schüttelte ihren Kopf, als hielte sie Alison für einen hoffnungslosen Fall. „Du hast die Bilder, die sie haben wollten", sagte sie. „Und du hast die guten. Du hast die Wahl."

Zuerst schmerzte es, was Jo gesagt hatte, aber je länger sie darüber nachdachte, desto deutlicher erkannte Alison, daß es viel für sich hatte. Es paßte nur so gar nicht zu ihr. Alison war eine vorsichtige Person. Höflich. Freundlich. Sie schickte immer Dankschreiben, bezahlte ihre Rechnungen pünktlich, hängte ihre Kleider weg, bevor sie ins Bett ging, rannte nie mit einer Schere in der Hand durch die Gegend und klebte die Briefmarke dorthin auf den Umschlag, wo sie hingehörte. Sie war gerne so. Sie dachte, daß mehr Leute so sein sollten. Warum mußte sie Jo dann recht geben? Warum war es manchmal so schwer, das Richtige zu tun?

4

Ein totaler Reinfall

Billy war gerade angestrengt dabei, sich fair zu verhalten, obwohl er viel lieber etwas ganz anderes getan hätte. Lydias Wohnung war – mit einem Wort gesagt – öde. Wenn sie ein Auto wäre, wäre sie ein sechs Jahre alter grauer Ford Escort. Wenn tatsächlich der ganze Abend ein Auto wäre, hätte es sich um einen sechs Jahre alten grauen Ford Escort gehandelt, mit steinhartem Kaugummi im Aschenbecher, einem kaputten Kassettendeck, runderneuerten Reifen, leeren Plastikbechern auf dem Rücksitz und einem Scheibenwischer, der auf der Windschutzscheibe ein Geräusch machte, als würde man mit dem Fingernagel über eine Tafel kratzen. Billy wollte die Biege machen, sobald er Lydia endgültig hatte abblitzen lassen. Er wollte allerdings auch nicht gleich mit der Tür ins Haus fallen und sie dadurch verletzen. Tatsache war, er wußte nicht, was er tun sollte. Also stopfte er sich verbissen voll, aus dem einfachen Grund, weil er sich dabei noch am wenigsten blöd vorkam.

„Mmmm. Das ist wirklich lecker", sagte er und griff nach einer Schüssel, nur um festzustellen zu müssen, daß sie leer war. „Dieses Zeug mit den Süßkartoffeln, das du gekocht hast . . . schmeckt klasse."

„Bedank dich nicht bei mir – bedank dich bei Gelson's Supermarkt", sagte Lydia. „Ihrer Fertiggerichtabteilung, um genau zu sein."

„Ich fand den Laden immer schon gut. Kommt da auch das Hühnchen her?"

Lydia legte ihre Gabel weg. Er merkte, daß sie irgendwas auf dem Herzen hatte.

„Billy, laß uns ehrlich sein, du hast dich die letzte halbe Stunde nur so vollgestopft, damit du nicht mit mir reden mußt."

„Nö . . . nö, überhaupt nicht . . ."

„Hey", Lydia seufzte. „Mach dir keine Sorgen — mir ging's genauso . . . alles nur, um ein Gespräch zu vermeiden. Mir ist es noch nie so schwergefallen, mit jemandem zu reden."

Billy fühlte sich ertappt. Er fuhr sich mit seiner Serviette durchs Gesicht. „Ich glaube, das wird nichts mit uns."

„Guter Tip", bestätigte Lydia. „Sieh mal, du bist ein netter Kerl. Du bist clever und alles, aber du bist einfach nicht mein Typ. Ich mag Männer mit . . . tja . . . mit . . . mehr Substanz."

„Was meinst du damit? Mehr Fett?"

„Nee, gar nicht", sagte sie, „ich meine . . . ältere Männer. Die schon fester im Leben stehen."

Billy überlegte, was sie damit sagen wollte. Okay, eigentlich wußte er, was sie damit sagen wollte, und er war sich nicht sicher, ob ihm das gefiel. Er war genauso alt wie eine Menge Männer, die älter waren als er. Oder so ähnlich. „Na ja . . . wenn ich's mir genau überlege, bist du auch nicht mein Typ."

„Wenn du es dir genau überlegst?" fragte sie herausfordernd. „Billy, das wußtest du doch in dem Moment, als ich die Tür aufgemacht habe, und ich wußte es auch. Es gab kein Prickeln — man braucht keinen ganzen Abend, um das zu merken. Es ist immer riskant, sich mit jemandem zu treffen, den man nicht kennt. Was ist schon dabei?"

„Mich darfst du nicht fragen. Ich hab' nicht genug Substanz."

„Könntest du bitte damit aufhören? Seien wir doch ehrlich; niemand von uns wollte den anderen verletzen, oder Michael, der alles arrangiert hat."

Billy lächelte gequält und schob seinen Teller weg. Wenn das jetzt die Stunde der Wahrheit werden sollte, war das Essen eigentlich doch nicht so gut, aber er beschloß, das jetzt nicht zu sagen.

„Ich weiß nie, was ich tun soll, wenn irgendwer versucht, mich zu verkuppeln", erklärte er Lydia. „Es ist, als ob man zu einer Silvesterparty geht. Jedes Jahr denkst du, daß es diesmal das Superding wird, auf das du immer schon gewartet hast, und jedes Jahr bist du wieder enttäuscht, und du wünschst dir, du wärst zu Hause geblieben und hättest dir ein Alfred-Hitchcock-Video ausgeliehen."

„Mich wundert nur, warum du angerufen hast, wenn du nicht interessiert warst? Ich war völlig erstaunt."

Er erinnerte sich an das pathetische Bild, das Alison ihm ausgemalt hatte: die arme einsame Lydia in tiefer Verzweiflung vor dem Telefon. Ha! Wie oft wollte er sich eigentlich noch vornehmen, bei Herzensfragen nicht auf Alisons Ratschläge zu hören?

„Keine Ahnung. Warum hast du mich zum Essen eingeladen?"

„Weil du angerufen hast. Und ich wollte dich nicht verletzen."

„Wow", sagte Billy. „Gut, daß wir das geklärt haben. Nachher hätten wir noch geheiratet."

„Oder noch schlimmer — wären miteinander ins Bett gegangen."

Beide lachten.

„Was anderes", sagte sie. „Wie wär's mit Nach-tisch? Bei Gelson's gibt's erträgliche Eclairs."

„Mit Schokolade?"

„Sorry. Vanille."

Billy warf in gespielter Verzweiflung die Arme hoch. „Wir haben gar nichts gemeinsam, was?"

„Zumindest darauf können wir uns einigen", sagte sie. „Los. Ich bring' dich zum Auto." Sie lächelte ihn an, es war ein freundliches Lächeln. „Aber versprich mir, daß du nicht wieder ein schlechtes Gewissen kriegst und mich anrufst."

„Ich werd's nicht tun, wenn du's auch nicht tust."

„Keine Chance", beteuerte sie.

Billy fühlte sich gut. Komisch, wenn man überlegte, daß das Schicksal ihm schon wieder einen Streich gespielt hatte. Vielleicht gewöhnte er sich langsam daran.

Rhonda gewöhnte sich nicht daran. Ganz im Gegenteil. Je länger sie darüber nachdachte, wie es wäre, Terrence zu heiraten und in dem großen alten Haus zu wohnen, desto weniger konnte sie sich an den Gedanken gewöhnen. In der Waschküche am Melrose Place traf sie auf Matt, der Handtücher aus der Waschmaschine zog und sie in den Trockner stopfte.

„Wußtest du", sagte sie, „daß man Handtücher nicht mit Weichspüler waschen sollte? Das Flauschige geht weg."

Matt starrte sie an. „Danke, Clementine. Ich höre das zum ersten Mal. Trotz Collegeabschluß und allem."

Sie ging zu ihm an die Waschmaschine. „Was machst du an einem Dienstagabend zu Hause? Habt ihr nicht eine Hochzeit zu planen, Terrence und du?"

„Schon, aber er muß arbeiten", erklärte sie. „Ich habe den Abend frei gekriegt." Sie holte tief Luft. Sie wußte nie, wie sie diese Gespräche mit Matt anfangen sollte, aber das Nette an ihm war, daß er immer einen Rat wußte, der ihr aus der Patsche half. „Matt, ich hab' ein Problem."

„Was ist los?" fragte er.

„Terrence hat mich heute nachmittag mitgenommen, damit ich mir ein Haus angucke. Eins, das er für uns kaufen will. Es ist so'n großer Tudor-Kasten, ungefähr vierzig Minuten außerhalb der Stadt. Es hätte dir die Sprache verschlagen."

„Was ist schlimm daran?"

69

„Ich nehme an, daß es genau das ist, was ich mir eigentlich wünschen sollte, nicht? Ein reicher Ehemann, Haus in 'nem edlen Vorort, Kinder und so weiter . . ." Es war an der Zeit, sich an diese Leier zu gewöhnen, aber sie entsprach einfach nicht ihrem Geschmack. „Matt, ich will so was nicht."

„Sprich mit Terrence", riet Matt. „Erzähl ihm, daß du nicht in 'nem Vorort leben willst. Erzähl ihm, daß du noch keine Kinder willst."

Sie schwang sich hoch und setzte sich auf den Trockner. „Aber *er* will es, Matt. Und wenn zwei Menschen gerade dabei sind, ein gemeinsames Leben zu planen, sollten sie dieselben Dinge wollen."

„Zwei Menschen, die dabei sind, ein gemeinsames Leben zu planen, wachsen auch langsam zusammen. Du weißt nie, wie sich der andere verändert. Ihr werdet ja nicht immer und ewig so bleiben wie jetzt."

Sie konnte nur mit dem Kopf schütteln. „Als ich in dieses Haus trat, hatte ich den Eindruck, ich würde bei lebendigem Leib aufgefressen."

„Liebst du ihn denn, Rhonda? Liebst du ihn wirklich?"

Matt hatte die Angewohnheit, alles immer genau auf den Punkt zu bringen. Rhonda dachte einen Augenblick lang über seine Frage nach. Sie seufzte. „Es ist alles so schnell gegangen . . . und er schien der Richtige zu sein. Ich würde mich so dämlich fühlen, wenn ich nein sagen würde . . ."

„Aber liebst du ihn?"

Sie dachte lange und gründlich nach. Sie hatte erwartet, daß sie es genau wissen würde, wenn sie richtig verliebt war. So hieß es doch immer, oder? Was wußte sie also wirklich? Sie hatte viel Spaß mit ihm, aber wenn ihm irgend etwas passieren würde — nicht, daß sie sich das wünschte, aber es könnte ja passieren —, könnte sie ohne ihn leben? Sicher könnte sie das. Sie könnte nach Paris gehen. New York. Sydney. Kann man sich das tatsächlich vorstellen, wenn man wirklich verliebt ist? Sie konnte sich ein Leben ohne ihn vorstellen, obwohl sie lieber mit ihm leben würde. Ein Traum könnte in Erfüllung gehen. Aber wessen Traum?

„Ich weiß es wirklich nicht", antwortete sie schließlich. „Matt, was soll ich nur tun?"

Als Billy am nächsten Morgen aus dem Bett kroch, fand er Alison am Frühstückstisch mit einem Dia-Sichtgerät vor sich. Er nahm eine Schüssel und eine Tüte Milch und eine Schachtel Frucht-Cornflakes und setzte sich ihr gegenüber. Er wartete darauf, daß sie ihre tägliche Stichelei loslassen würde, daß er zu alt für Frucht-Cornflakes wäre. Er könnte aufhören, wann immer er wollte. Er wußte das. Was war also schon dabei, daß er süchtig war? Nicht, daß er das Zeug nicht auch mittags und abends gegessen hätte. Doch sie schien in ihre Dias versunken.

„War's gut gestern abend?" fragte sie, ohne aufzublikken.

„O ja", sagte er. „Vielen Dank für den Rat, sie anzurufen und mich noch mal mit ihr zu treffen. Nächstes Mal frage ich die Telefonseelsorge, was ich tun soll."

„Was meinst du damit?" fragte Alison, immer noch abwesend.

„Wir haben in beiderseitigem Einvernehmen beschlossen, uns in diesem Leben nie wieder zu sehen. Und im nächsten auch nicht." Sie schaute ihn an. „Es gab kein Prickeln. Nicht mal soviel wie bei einem schlechten Thriller. Bei uns beiden nicht. Ein totaler Reinfall. Völlige Zeitverschwendung. Eine absolute – "

„Du hast dich klar genug ausgedrückt", unterbrach ihn Alison.

„Ich glaube, der einzige, dem das leid tun wird, ist Michael", sagte Billy, den Mund voll mit den knusprigen, in allen Farben schillernden Flocken. Ein Klostein hätte genausosehr nach richtigem Obst geschmeckt.

Alison beugte sich über den Tisch und tätschelte seine Hand. „Irgendwann wirst du die Richtige finden", tröstete sie.

„Das beruhigt mich ja jetzt ungemein."

„Was hältst du denn davon?" fragte sie und gab ihm das Dia-Sichtgerät. Er sah hinein.

„Er ist eigentlich nicht mein Typ", stellte Billy fest. „Obwohl er einen hübschen Arsch hat."

„Nee, im Ernst." Sie nahm ihm das Gerät aus der Hand, legte ein neues Dia ein und gab es ihm zurück. „Es ist Jos Auswahl für die Maximum-Advantage-Kampagne. Findest du es zu gewagt?"

„Ich habe dich ja vor ihr gewarnt", sagte Billy.

„Billy, ich muß mir überlegen, was ich machen will. Soll ich's wagen und das hier dem Kunden zeigen, oder soll ich die Dias verbrennen?"

„Warum hebst du sie nicht für die nächste Frauenparty auf, zu der du eingeladen wirst?" fragte er und gab ihr das Sichtgerät zurück. „Du bist jetzt eine Werbefachfrau, Alison. Das mußt du entscheiden."

„Sieh es einfach so, daß ich deinen fachmännischen Rat brauche."

„Okay", sagte er. „Mein Honorar beträgt fünfhundert Dollar. Oder du kochst einen Monat lang."

„Bist du völlig bescheuert geworden?" fragte Amanda und ging vor Alisons Schreibtisch auf und ab.

„Ich weiß, daß es verrückt ist", gab Alison zu, „aber sieh sie dir an. Sie sind besser. Sie sind spannend, sexy — eben superscharfe Werbefotos."

„Sie sind sexy, Alison — klar, daß du das denkst. Du bist eine Frau. Mir geht's genauso. Ich bin auch eine Frau. Merkst du, worauf ich hinaus will?"

„Ich weiß, ich weiß", sagte Alison. „Die Zielgruppe sind Typen, aber —"

„Nicht einfach nur Typen", argumentierte Amanda.

„Es geht um Sportslips. Schwitzende Typen in Umklei-
dekabinen. Deoroller. Turnschuhe, um Himmels willen.
Und du willst diese extravagante Nummer abziehen.
Das ist Kunst."

„Kunst ist besser."

„Ja, Kunst ist besser", sagte Amanda. „Crêpes
Suzette sind besser als Kohl, aber wenn ich einen Esel
füttern muß, gebe ich ihm Kohl. Und wenn ich eine gute
Werbefachfrau bin, gebe ich dem Esel Kohl und mache
ihm weis, daß es Crêpes Suzette sind."

„Beruhige dich", sagte Alison. „Ich habe ja noch gar
nichts unternommen. Aber mal ganz ehrlich, du findest
doch auch, daß sie besser sind?"

„Sie sind toll", gab Amanda zu. „Aber die Kunden
werden sie fürchterlich finden. Warum willst du dich
selbst ans Messer liefern?"

„Du schlägst also vor, auf Nummer Sicher zu
gehen?"

„Ich schlage vor, daß du deinen Verstand
gebrauchst."

Die Konferenz fing eine Viertelstunde später an. Rex
Weldon war nicht anwesend, wofür Alison dankbar war.
Arnold war da, grau wie ein Kanonenboot, außerdem
Mr. Wasserman, der Präsident des Unternehmens,
Lucy und Dave Kellogg, Lucys Boß. Alison und Amanda
setzten sich auf ihre Plätze neben dem Diaprojektor.
Lucy würde am meisten reden. Wasserman rauchte
eine Zigarre, vielleicht weil er wußte, daß niemand ihm
das verbieten konnte, überlegte Alison. Sie hörte Arnold
und Wasserman zu, die grunzten und schnauften oder
Ohs und manchmal sogar Ahs von sich gaben, als Lucy
die erste Diaserie zeigte, die sichere Serie. Als die
Leinwand weiß aufleuchtete, drehte sich Lucy zu Alison
um.

„War es das?" fragte sie.

Alison blickte Amanda an, die zum Lichtschalter griff. Sie konnte die Entscheidung nicht länger aufschieben.

„Nein", sagte Alison. „Es gibt noch ein paar mehr."

Sie sah, wie Amanda in stillem Gebet die Augen schloß. Lucy blickte Alison verwundert an und drückte dann auf den Knopf, um das nächste Dia zu zeigen. Auf der Leinwand sahen sie Rex, nackt. Das Bild war von hinten gemacht worden, als er auf dem Boden saß, eine umwerfende Studie seines muskulösen Rückens, aber mit dem gut sichtbaren Ansatz seines Hinterns. Arnold rutschte unbehaglich auf seinem Stuhl hin und her. Wasserman schien sich an seinem Zigarrenrauch zu verschlucken. Lucy wechselte schnell zum nächsten Dia, einem Profil von Rex. Die Unterhose auf die Fußgelenke gerutscht, seine Hände über der Schamgegend, stand er da, einen Ausdruck vergnügter Bestürzung auf dem Gesicht.

„Was zum Teufel ist das?" fragte Arnold und drehte sich zu Kellogg um. „Davon haben wir nie gesprochen."

„Unsere Aktionäre werden toben", sagte Wasserman.

Lucy schaltete schnell den Projektor aus. Amanda machte das Licht an.

„Entschuldigen Sie bitte, meine Herren", sagte Lucy. „Nur ein kleiner Scherz. Fotografen mischen so was manchmal drunter, um uns auf Zack zu halten." Sie schaute Alison direkt ins Gesicht, und ihr Gesichtsausdruck war alles andere als freundlich. „Alison, könnten Sie bitte noch kurz hierbleiben?"

Als Arnold und Wasserman zur Tür gingen, zog Amanda einen Zeigefinger mit einer eindeutigen Bewegung über ihre Kehle. Das kostet dich den Kopf, Mädchen. Alison überlegte, wo sie eine Bratpfanne und vielleicht ein bißchen Kartoffelbrei herkriegen könnte, denn sie fühlte sich wie eine Weihnachtsgans, die jetzt geschlachtet werden würde.

„Jedenfalls sollten wir uns alle auf die ersten Aufnahmen konzentrieren", sagte Lucy auf dem Weg zur Tür, offensichtlich nicht in der Lage, sich einen Reim auf die ganze Sache zu machen. „Ich glaube, es wird eine Top-Kampagne . . ."

Alison merkte, wie ihr allmählich übel wurde.

Rhonda ging es genauso. Vielleicht war es nur eine allergische Reaktion auf die süßlichen Düfte um sie herum, von Blumen und Süßigkeiten und Zuckerwatte und dem fürchterlichen Parfüm der Verkäuferin. Ihr Name war Janice, und sie wirkte, als wollte sie Rhondas beste Freundin werden. Rhonda hatte einmal etwas Ähnliches erlebt, als sie sich ein neues Auto kaufen wollte.

Sie saßen im Hinterraum eines Ladens für exklusive Schreibwaren und blätterten ein Buch mit Mustereinladungskarten durch. Terrence sah stolz aus, hoffnungsvoll. Janice hielt Rhonda ein Kärtchen unter die Nase.

„Und das ist unsere Einladungskarte für die ‚Provençalische Hochzeit'", flötete Janice.

„Schnupper mal", drängte Terrence.

Rhonda beugte sich vor und roch zögernd daran. Es erinnerte sie an den Geruch eines Krankenhauses.

„Sie ist mit echtem Lavendel parfümiert", sagte Terrence beeindruckt.

„Aus Südfrankreich importiert", betonte Janice. Als das Telefon klingelte, entschuldigte sie sich und ließ Rhonda und Terrence zurück. Rhonda hatte Angst davor, mit ihm alleine zu sein, weil klar war, was sie ihm jetzt sagen mußte.

„Dir gefällt's nicht, oder?" fragte Terrence.

„Terrence", sagte Rhonda frustriert. „Ich weiß nicht, ich weiß nicht, ich weiß nicht."

Terrence sah besorgt aus. „Was ist los?" fragte er.

„Liegt es am Lavendel? Wir können auch etwas Neutraleres nehmen."

Rhonda seufzte. Sie hatte den Eindruck, daß sie gleich anfangen müßte zu weinen. „Erzähl mir, was los ist, Baby."

„Terrence", sagte sie gepreßt. Sie hatte versucht, es laut vor dem Spiegel zu proben, hatte aber sogar damit Schwierigkeiten gehabt. „Ich will noch nicht heiraten."

Er starrte sie fassungslos an. Sie hatte riesiges Mitleid mit ihm, aber jetzt gab es kein Zurück mehr.

„Was?" fragte er entsetzt.

„Es ging alles so schnell . . . ich habe einfach so lange gebraucht, mir darüber klarzuwerden, daß es nicht das ist, was ich will."

„Ich versteh' das nicht. Wann ist dir denn das eingefallen?"

„Es ist mir nicht eingefallen. Es ist mir langsam klargeworden. Aber ich bin mir jetzt sicher, daß es so nicht weitergeht."

„Du kriegst kalte Füße, das ist alles", sagte er und versuchte zu lächeln. Das Ganze zum Guten zu wenden. Dadurch gewann sie ihn noch lieber, aber es war trotzdem immer noch nicht genug.

„Es ist mehr als nur kalte Füße, Terrence."

„Liebst du mich, Rhonda?"

„Du bist ein wunderbarer Mann, Terrence. Du bist lieb, großzügig, verständnisvoll . . ." Sie fing an zu weinen.

Er fragte sie wieder, ganz sanft: „Ja, aber liebst du mich?"

Jetzt blieb ihr nichts anderes übrig, als den Ring von ihrem Finger zu nehmen und ihm zu geben. „Es tut mir leid", sagte sie. „Ich wollte dich nie an der Nase herumführen. Siehst du, ich bin nicht mal sicher, ob du mich wirklich liebst. Ich glaube, du bist nur in die Person verliebt, die du in mir sehen möchtest."

Er sah den Ring an und seufzte. „Rhonda, ich glaube, du machst einen großen Fehler."

„Nein, Terrence", widersprach sie ihm. „Ich glaube, ich habe gerade einen vermieden. Wir beide haben ihn vermieden." Sie küßte ihn. „Mach's gut, Terrence. Und danke . . . für alles." Sie nahm ihre Handtasche und ging direkt zur Tür. Es fiel ihr unglaublich schwer, aber sie hatte sich fest vorgenommen, sich nicht umzudrehen. Gerade als sie die Tür erreichte, kam Janice herein.

„Haben wir eine Entscheidung getroffen?" fragte sie mit heiterer Stimme.

„Ja . . . ich glaube, das haben wir", sagte Rhonda.

„Oh, mein Gott", sagte Jo. Alison saß auf Jos Couch. Jo ließ sich neben sie plumpsen und rang die Hände. „Sie hat dich gefeuert, nicht? Es tut mir so leid. O Gott, Alison, was hab' ich bloß gemacht? Erschieß mich, bitte. Erschieß mich . . ."

Alison wartete, bis Jo eine Pause machte. „Bist du fertig?" fragte sie.

Jo sah sie an. „Ich habe deine Karriere ruiniert", sagte sie. „Es ist alles mein Fehler."

„Du läßt mich nicht ausreden", sagte Alison. „Jedenfalls rief mich Lucy in ihr Büro und sagte, daß die Fotos toll, kreativ und innovativ wären und zeigen würden, daß ich Mut und Fantasie habe."

„Wow, wirklich?" staunte Jo. „Jeder einzelne meiner bisherigen Chefs hätte mir einen Tritt in den Hintern gegeben. Mut und Fantasie?"

„Sie hätte nur den Eindruck, daß mir ein bißchen das Urteilsvermögen fehlen würde", sagte Alison.

Jo sank auf die Couch zurück. „Oh."

„Ja . . . ‚Oh.'"

„Dann hat sie dich gefeuert?"

„Sie sagte, wenn ich noch mal so 'ne Nummer abziehen würde, bliebe ihr keine Wahl", sagte Alison. Alles in allem fühlte sie sich erleichtert, obwohl es seit dem Kindergarten das erste Mal in ihrem Leben war, daß man ihre Leistung kritisiert hatte.

„Gott sei Dank, daß du den Job noch hast." Jo fiel ein Stein vom Herzen. „Was ist also unsere nächste Mission, Boß?"

Alison lachte. „*Meine* nächste Mission", stellte sie klar, „ist eine Kampagne für Wiener Würstchen, und an die würde ich dich nicht mal mit Glacéhandschuhen . . . na ja, sagen wir mal, ich lass' dich da nicht dran."

Jo blickte gen Himmel und gestikulierte mit der Hand in Richtung Zimmerdecke. „Ich sehe diese riesige geflügelte Knackwurst vom Himmel auf die Erde herabsteigen . . ."

Alison schlug ihr mit einem Kissen ins Gesicht.

„Okay, in Ordnung, aber du mußt zugeben", sagte Jo, während sie eines ihrer erotischsten Dias gegen das Licht hielt, „wenn du irgendwann mal 'ne Werbekampagne über Hintern machen solltest, haben wir das Zeug schon fertig." Sie kicherten wieder los.

„Wo wir gerade von hübschen Hintern reden", sagte Alison, „wie geht's Jake?"

Jo hörte auf zu lachen. „Habe den Wink verstanden", sagte sie.

Später am Abend klopfte sie an Jakes Tür. Durch das Fenster konnte sie sehen, daß sein Fernseher lief, ohne Zweifel sah er eine Sportreportage. Als er öffnete, ging sie an ihm vorbei und stellte die Einkaufstüte auf den Tisch. Sie packte den Inhalt aus: Essen vom Chinesen, eine Flasche Wein und Kerzen.

„Was soll das?" fragte er.

„Ich hoffe, du ißt gerne chinesisch", sagte sie. „Ich habe diesen tollen Laden unten an der Ecke entdeckt. Sie haben einen Teich mit Goldfischen, so groß wie Delphine. Das Essen kann vermutlich mit deinen Linguini mit Venusmuscheln nicht mithalten, obwohl . . ."

Jake starrte sie an, die Hände auf die Hüften gestützt. Zumindest mußte er lächeln. „Wie kommt es eigentlich, daß du jedes Mal hier mit Essen aufläufst, wenn wir uns gestritten haben?" fragte er. Wie immer man auch das Herz eines Menschen erreicht, dachte er, es gibt einfach keinen direkten Weg. Statt dessen mußte man immer wieder umsteigen, hatte lange Aufenthalte, oder die Züge fuhren gar nicht.

„Keine Ahnung", sagte sie und stellte die Kerzen auf. „Hast du Feuer?"

Er ging zu ihr und nahm sie in die Arme. „Jo, was soll das? Du kannst nicht immer wieder so in mein Leben reinplatzen und dann wieder verschwinden. Du sagst, daß du dich an keine Regeln hältst, aber du stellst ständig welche auf, so wie du dich verhältst."

„Dann laß sie uns gemeinsam aufstellen, okay?" Sie sah zu ihm auf.

Er hätte bis in alle Ewigkeiten so in ihre dunklen Augen starren können. „Ich hole Streichhölzer", sagte er. Er fand welche in der Küche. Im Kerzenlicht sah Jo noch schöner aus. Sein Widerstand erlahmte.

„Jake", sagte sie, als sie zu ihm kam und ihre Arme um ihn legte. „Ich hab' dich so gerne, daß es mir schon angst macht. Mein Instinkt sagt mir, daß ich weglaufen sollte, aber du siehst selbst . . . ich bin hier."

Er starrte sie einen Augenblick lang im Flackern des Kerzenlichts an. „Was ist mit dem Tennisstar?"

„Das weißt du doch", sagte sie. „Ehrlich, Jake. Mein Beruf ist mir wichtig, aber ich glaube, ich habe noch nie jemanden so vermißt wie dich an diesem Abend im Shooters."

Es gab immer noch einiges, was sie klären mußten. Ihren Beruf. Sein Leben. Ihrer beider Zukunft. Im Moment war Jake allerdings nicht an der Zukunft interessiert. Sie war hier, jetzt, und ihre Lippen waren nur Zentimeter voneinander entfernt. Er würde sie küssen, hier und jetzt, und würde dann entscheiden, wie es weiterginge.

Oben schob Billy ein Fertiggericht in die Mikrowelle, weil er vor Hunger starb und Alison nicht bereit war, sein Honorar — ihn einen Monat lang zu bekochen — zu zahlen. Außerdem würde er alleine essen und freute sich schon darauf. Fast hätte er Lydia angerufen, um ihr zu erzählen, wie sehr er sich darauf freute, alleine zu essen. Er würde ab jetzt immer alleine essen, wenn er darauf Lust hatte, und würde sich nicht mehr mit Frauen verabreden, die er nicht kannte, und wäre nicht mehr auf Liebe angewiesen, um glücklich zu sein, und würde sich deswegen keinen Streß mehr machen oder auch nur einen einzigen Gedanken darauf verschwenden. Wenn ihn ein Blitz träfe und ihm sagen würde, was er tun sollte, wär's ja schön, aber er würde nicht mehr im Regen stehen und auf Blitze warten. Wenn eine Frau plötzlich in seinem Leben auftauchen und alles für immer verändern würde, wär's ja schön, aber es würde ihm keine schlaflose Nacht mehr bereiten. Es war ihm auch völlig egal, wann das passieren würde. Wenn es denn sein sollte, könnte es seinetwegen in einem Jahr oder in den nächsten fünf Minuten passieren.

Es klingelte an der Tür.

Er öffnete.

Es war Amanda.

Er trat überrascht einen Schritt zurück, nicht, weil er sie kannte, sondern weil sie die schönste Frau war, die er jemals gesehen hatte, und wer erwartete schon die schönste Frau, die man jemals gesehen hatte, wenn gerade ein Fertiggericht in der Mikrowelle brutzelte.

„Oh", sagte sie überrascht.

„Hi", sagte er und fühlte sich sofort wie ein Trottel, obwohl er nicht genau wußte, wieso.

„Ist das hier die Wohnung von Alison Parker?" fragte die Blondine.

„Ja, ich bin ihr Mitbewohner . . . Billy . . . Bill Campbell."

Sie streckte ihm ihre Hand entgegen. Er starrte darauf. Was sollte er damit? Ach ja — er sollte sie wohl schütteln.

„Amanda Woodward", sagte sie, „ich arbeite bei D&D mit Alison zusammen."

„Erfreut, deine Bekanntschaft zu machen", stotterte er, wie irgendein Lackaffe um die Jahrhundertwende. Wer sagte heutzutage noch „erfreut, deine Bekanntschaft zu machen"? „Sie ist zum Joggen gegangen. Aber du kannst hier gerne auf sie warten."

Sie zögerte bei dem Gedanken, mit ihm in die Wohnung zu gehen. „Nein, nein", wehrte sie ab und gab ihm einen Ordner. „Ich war gerade in der Gegend und dachte, ich könnte Alison das hier vorbeibringen. Es ist unser nächster Auftrag."

Billy konnte seine Augen nicht von ihr abwenden. Und sie schien seinen Blick zu erwidern. „Was machst du beruflich?" fragte er.

„Ich bin Art-director."

„Ich bin Schriftsteller. Komisch, sie hat dich nie erwähnt."

„Komisch, sie hat dich auch nie erwähnt", sagte Amanda und lächelte verschmitzt. Sie streckte zum zweiten Mal ihre Hand aus. „Schön, dich kennengelernt zu haben, Billy."

Er griff beherzt zu. Dieses Mal wollte er ihre Hand gar nicht wieder loslassen. „Bist du dir sicher, daß ich dich nicht für einen Drink begeistern kann?" fragte er.

Sie überlegte. „Ach, ich weiß nicht. Ich würde ja gerne, aber . . . ich habe so viel Arbeit. Und wenn ich es nicht mache . . . bleibt es liegen. Vermutlich hört sich das blöd an, aber es ist . . . ich meine . . . ich sollte gehen. Glaube ich."

„Wie wär's dann mit Abendessen? Ich bin gerade

dabei, Boeuf Stroganoff zu machen. Ich habe genug für zwei." Wo um alles in der Welt sollte er jetzt Boeuf Stroganoff herkriegen? Warum hatte er das nur gesagt? Er würde sich etwas einfallen lassen, wenn sich das Problem stellen sollte; im Moment war es das wichtigste, sie zum Bleiben zu überreden.

Sie lachte. „Ich muß wirklich gehen", sagte sie. Sie drehte sich um und ging über den Hof. Billy sah hinter ihr her. Plötzlich drehte sich Amanda noch einmal um. „Wie wär's, wenn wir die Sache auf ein andermal verschieben?"

„Auf jeden Fall", sagte er. „Immer. Ganz sicher. Bestimmt."

Sie machte einen Schritt zurück und sah ihn dabei immer noch an.

„Ciao, Amanda."

„Ciao, Billy." Sie lachte. „Bill."

Er beobachtete, wie sie fortging. Auf der einen Seite konnte er es nie leiden, wenn er zusehen mußte, wie Frauen gingen. Aber bei ihr gab es eine andere Seite, die er mit Vergnügen betrachtete, als sie auf ihr Auto zuschlenderte. Als sie nicht mehr zu sehen war, fühlte er sich wie betäubt. Er versuchte, sich zu erinnern — es waren noch keine drei Minuten vergangen, daß er einige heilige Schwüre geleistet hatte, aber er konnte sich beim besten Willen nicht mehr darauf besinnen, um was es sich gehandelt hatte. Auch gut. Außerdem, überlegte er, waren heilige Schwüre dafür da, daß man sie brach. In Ausnahmefällen. Oder nicht?

5

Drum prüfe, wer sich ewig bindet ...

Das Zusammenwohnen mit Alison war noch in anderer Hinsicht problematisch, abgesehen von ihren oftmals gar nicht so tollen Ratschlägen in Liebesdingen. Sie wachte manchmal morgens in aller Herrgottsfrühe mit einer Euphorie auf, als hätte sie gleichzeitig Geburtstag, Mel Gibson getroffen und im Lotto gewonnen. Während normale Menschen beim Aufwachen über höchstens dreißig oder vierzig Prozent ihrer geistigen Fähigkeiten verfügen und schon gar nicht in der Lage sind, gute Laune zu verbreiten, wäre Alison selbst nach einem dreiwöchigen Saufgelage mit den Hell's Angels noch frisch und fröhlich aus dem Bett gesprungen. Manchmal überlegte sich Billy, daß ein dreiwöchiges Saufgelage mit den Hell's Angels genau das war, was Alison brauchte, bis ihm einfiel, daß das auch nichts bringen würde — sie würde immer Alison bleiben. Glücklich, vor Energie strotzend, erwartungsvoll, optimistisch — Alison, die Frühaufsteherin. Manchmal hätte er sie erwürgen können. Meistens aber wünschte er sich nur, sie würde sich beruhigen und leiser sprechen, weil er sich bei ihr morgens immer so vorkam, als hätte er einen Kater, obwohl er selten trank und eigentlich nie soviel, daß er tatsächlich verkatert war.

„Guten Morgen, Billy", flötete sie.

„Morgen", grunzte er. „Es muß wohl Morgen sein, sonst würde ich mich nicht so fühlen."

„Willst du Kaffee?" Sie hatte den Ordner, den Amanda vorbeigebracht hatte, vor sich auf dem Tisch liegen.

„Unbedingt", murmelte Billy.

„Wann ist das Zeug hier eigentlich gekommen?"

„Bevor ich gestern abend zur Arbeit gegangen bin. Amanda hat's vorbeigebracht." Alison stellte ihm eine Tasse hin. Er umklammerte sie wie ein seekranker Tourist die Reling. „Du hast vergessen zu erwähnen, daß sie atemberaubend ist."

„Und talentiert und nett und bei D&D auf der Karriereleiter auf dem Weg nach ganz oben", ergänzte Alison. „Es macht mich ganz krank. Wenn ich sie nicht so mögen würde, wäre ich total eifersüchtig."

„Erzähl was über sie", verlangte Billy, dessen Lebensgeister allmählich erwachten. Er ging zum Schrank, wo er feststellte, daß die Frucht-Cornflakes fast alle waren.

„Was denn?"

„Du weißt schon. Ist sie solo, hat sie 'nen Freund, will sie gerade aus 'ner Beziehung raus ... hat sie eine besondere Vorliebe für angehende Schriftsteller?"

„Billy, ich hab' keine Ahnung." Alison war genervt. Er hatte schon oft festgestellt, daß Frauen die Namen oder Telefonnummern ihrer Freundinnen nicht gerne an ihre Freunde weitergaben, vielleicht, weil sie davon ausgingen, daß alle Typen immer nur an Sex dachten. Er hätte das als Beleidigung empfunden, wenn es nicht so sehr der Wahrheit entsprochen hätte. „Wir arbeiten erst seit einer Woche zusammen. Ich habe sie noch nicht ins Kreuzverhör genommen."

„Ich könnte drauf schwören, daß sie früher Model für Badeanzüge für *Sports Illustrated* war."

„Oh?" sagte Alison spitz. „Hast du die Ausgaben alle noch im Kopf?"

„Seit 1984."

„Ich muß los, Billy." Alison schaute auf die Uhr. „Ich hab' die Unterlagen erst halb durch, und ich bin mir sicher, daß Amanda sie als allererstes mit mir besprechen will."

Billy packte sie am Arm und bat sie zu warten.

„Was denn?" fragte sie.

„Wie wär's, wenn wir morgen Ski laufen gehen?" schlug er vor. Er war schon länger wild darauf, mal rauszukommen, und hatte es sich schon wochenlang vorgenommen. „Aber du mußt ja vermutlich das ganze Wochenende arbeiten . . ."

„Eigentlich hört sich das ziemlich toll an", sagte Alison und strahlte. „In der letzten Zeit habe ich bis zum Umfallen geschuftet. Ich kann aber nicht besonders gut Ski laufen."

„Kein Problem", sagte er. „Die Skier leihen wir heute abend für dich aus. Drüben im Sportgeschäft haben sie gerade ein Sonderangebot. Wir können uns ja nach der Arbeit dort treffen." Er verdrehte die Augen und machte ein Gesicht, als könnte er kein Wässerchen trüben. Alison kannte das schon, es war immer dasselbe, wenn er etwas von ihr wollte. „Vielleicht möchte Amanda ja mitkommen . . ."

Sie sah ihn voller Empörung an, daß er sich einbildete, er könnte ihr so leicht etwas vormachen. Sie würde ihm nicht dabei helfen, auch wenn er das glaubte. Vor allem nicht nach dem ganzen Hin und Her mit seinem letzten Rendezvous.

„Tut mir leid, Bill. Ich glaube nicht, daß Models für Badeanzüge besonders gut auf Skiern sind. Wir treffen uns im Sportgeschäft."

Als sie weg war, nahm er den Telefonhörer, legte ihn dann aber wieder auf die Gabel, unschlüssig, ob er wirklich anrufen sollte. Zum einen war Amanda bestimmt noch gar nicht bei der Arbeit, zum anderen hatte er trotz der deutlichen Zeichen, die sie ihm am Abend vorher gegeben hatte, gar nicht gewußt, was er hätte sagen sollen. Er beschloß, daß es doch besser wäre, die Sache über Alison einzufädeln, obwohl er beim nächsten Mal vermutlich etwas subtiler vorgehen sollte.

Matt überholte Alison, als er gerade zu Rhonda zum Frühstück ging, um ihr bei einem Orangensaft mit Rat und Tat zur Seite zu stehen. Ihre Tür stand halb offen, so daß er ohne anzuklopfen hineinging. Er entdeckte sie in der Küche, wo sie sich das Hochzeitskleid anhielt, das Jane für sie genäht hatte. Er wartete, bis sie es zusammengefaltet und in eine große Pappschachtel gelegt hatte. Dann räusperte er sich vernehmlich, um sie darauf hinzuweisen, daß er da war. Sie drehte sich um.

„Oh, hi", sagte sie abwesend. „Teewasser steht auf dem Herd."

„Danke. Ich bedien' mich schon selbst."

Rhonda warf einen letzten Blick auf das Kleid und schloß dann den Deckel. „Jane hat darauf bestanden, daß ich das Kleid behalte, obwohl ich mit Terrence Schluß gemacht habe. Sie hat mir erzählt, sie hätte am Tag, bevor sie Michael geheiratet hat, fast einen Anfall gekriegt."

„Könnte es sein, daß sie recht behält und du es dir noch mal anders überlegst?" fragte Matt, während er sich seinen Tee machte.

„Du verfolgst mich damit, was?" Was meinte er damit, daß sie es sich noch mal anders überlegen könnte?

Er nickte. „Du warst ein bißchen sehr kurzentschlossen. Aber vielleicht ist das die einzige Möglichkeit, es ihm beizubringen. Kurz und schmerzlos. Besser, als ihn hinzuhalten."

Rhonda griff in ihre Tasche und nahm einen Zettel heraus. „Vielleicht", sagte sie. „Abgesehen davon, daß ich's ihm offensichtlich doch nicht so gut klargemacht habe."

„Es ist ganz normal, daß er jetzt auch kalte Füße gekriegt hat. Vermutlich hat er noch Hoffnung, schätze ich."

„Das trifft es nicht ganz", erklärte Rhonda. „Ich habe das hier gestern gekriegt. Ich war gerade mitten in meinem Anfängerkurs, als ein Bote kam und mir einen Brief brachte." Sie nahm den Brief und las ihn Matt vor. „,Liebe Rhonda, es ist nicht gerade meine Art, mich aufzudrängen, wenn ich nicht erwünscht bin, aber ich kann deine Entscheidung nicht akzeptieren. Ich stelle mir immer wieder unsere gemeinsame Zukunft vor, bis mir einfällt, daß nichts daraus wird. Ich weiß, daß wir einen Ausweg finden können, wenn wir unseren Gefühlen vertrauen. Bitte ruf mich an. In Liebe, Terrence.'"

Matt setzte seine Tasse ab und schüttelte den Kopf. „Der Arme", stellte er fest.

„Danke, Matt. Das ist genau das, was ich jetzt brauche."

„Entschuldige. Es hört sich nur so an, als wäre er völlig fertig."

„Weißt du, ich fühle mich so hin und her gerissen. Ich würde ihn gerne anrufen, aber ich befürchte, daß er dann einen falschen Eindruck kriegen würde. Und ich will jetzt einfach nicht heiraten, Matt. In der Beziehung bin ich mir ganz sicher." Sie sah den Brief noch einmal an, faltete ihn dann zusammen und warf ihn auf die Schachtel mit ihrem Hochzeitskleid. „Was ich auch tue, es ist falsch."

Matt zuckte mit den Schultern und nickte zustimmend. „Schick ihm Valium", schlug er vor. „Anonym, natürlich."

Sie könnte selbst welches gebrauchen, stellte sie fest. Irgendwas, das ihre Gefühle abtöten würde. Sie liebte ihn zwar nicht mehr, aber das hieß nicht, daß sie sich nicht wie ein Schwein vorkam.

Alison war in ihrer Kabine und arbeitete einen Stapel Marktanalysen über Damenunterwäsche durch, als Amanda an ihre Tür klopfte beziehungsweise an die Ecke der Wand, wo die Tür eigentlich hingehört hätte, wenn Türen erlaubt gewesen wären. Alison blickte auf und gab Amanda ihre Zusammenfassung.

„Hier, Boß, ich habe mir die Top Ten der amerikanischen Werbung angeschaut. Unsere Zielgruppe sind Frauen zwischen achtzehn und vierunddreißig." Sie strich sich die Haare aus dem Gesicht und sagte hochnäsig: „Anders ausgedrückt, Frauen in den besten Jahren, so wie wir. Ich glaube, die nehmen an, daß Frauen nur noch Liebestöter anziehen, sobald sie fünfunddreißig geworden sind."

„Na, dann können wir uns ja auf was gefaßt machen, stimmt's?" sagte Amanda.

Alison lachte. „Ach, ich glaube nicht. Ich werde nie Liebestöter anziehen. Mir ist es schnurzegal, was ein Mr. Blackwell über mich denkt."

Amanda zeigte auf ein Bild, das Alison an die Wand gehängt hatte. „Dieser Druck von Frida Kahlo gefällt mir gut", sagte sie.

„Danke. Bevor ich zu Madonna gewechselt bin, war ich ein Fan von ihr."

„Du hast wirklich Geschmack", stellte Amanda fest und setzte sich auf die Ecke von Alisons Schreibtisch. „Zusammen mit meinem Talent werden wir es ihnen allen zeigen."

Alison wußte, daß Amanda halb scherzte, aber eben nur halb — sie war wirklich gut und wußte das auch, was auch Alison Zuversicht einflößte. „Ich bin dabei", sagte sie.

„Ich weiß. Und das Beste ist, daß ich es wirklich toll finde, mit dir zusammenzuarbeiten."

Alison fühlte sich unglaublich geschmeichelt. „Mir geht's genauso", erwiderte sie.

„Du glaubst gar nicht, wieviel leichter wir es so haben", erklärte Amanda. „In einem Unternehmen wie diesem kann es passieren, daß du deinen Kollegen häufiger siehst als deinen Mann oder deinen Freund."

Alison lachte. „Klingt so wie eine arrangierte Ehe."

„Genau", stimmte Amanda zu. „Außer, daß Scheidung in diesem Fall meistens heißt, daß einer von beiden den Hut nehmen muß. Was hältst du davon, wenn wir heute früher von hier verschwinden? Und ich dir einen ausgebe?"

„Hört sich klasse an. Aber ich bestehe darauf, die Vorspeise zu bezahlen."

Alison schwebte vor Glück. Amanda fuhr ihr in ihrem eigenen Wagen zum Shooters hinterher. Unterwegs machte Alison das Radio an und hörte die Beach Boys über „Good Vibrations" singen. Sie sang aus vollem Halse mit, obwohl ihre Stimme so schräg klang, daß sie in einigen Gegenden ein Strafmandat gekriegt hätte.

Sie fanden einen freien Tisch in der Ecke, wo sie Coronas, Maischips mit Avocadocreme und eine kleine Portion Quesadillas bestellten — alles echt mexikanisch. Alison fühlte sich in Amandas Gesellschaft wohl. Sie würde sie gern zur Freundin haben, merkte sie. In gewisser Hinsicht war es wie mit den Mädchen in der Schule, denen aus der allercoolsten Clique, die Alison allerdings nie auch nur eines Blickes gewürdigt hätten. Bei Amanda war das anders. Sie sah sie aufmerksam an.

„Wie bist du eigentlich zur Werbung gekommen?" fragte Alison. Sie behielt die Tür im Auge, obwohl bisher noch keiner ihrer Freunde gekommen war. Es war noch zu früh.

„Nach der Kunsthochschule hatte ich eine ganz annehmbare Mappe, so daß ich einen Job als angehende Art-directorin gekriegt habe", sagte Amanda und beäugte gierig die letzte Quesadilla.

„Nimm sie nur", sagte Alison großzügig.

Amanda brach sie durch und gab Alison die größere Hälfte. „Ich kann mich noch gut an die Zeit erinnern, wo ich nur von solchen Happen gelebt habe, die man umsonst zum Getränk dazubekommt. In der Gegend, in der ich wohnte, gab es vier Kneipen, und wenn man sie alle durchhatte, hatte man fast ein ganzes Essen zusammen."

„Willkommen im Club", sagte Alison. „Gestatten, mein Name ist Ich-schlag'-mich-so-durch."

In diesem Moment kam ein schlaksiger Kerl vom Typ Juniorchef auf sie zu. Nach seinem Gesichtsausdruck und seinem schwankenden Gang zu urteilen, war er offensichtlich auf der Suche nach einem Arzt, der seinen dicken Kopf behandeln könnte. „Darf ich den Damen einen ausgeben?" lallte er.

„Tut mir leid", sagte Alison. „Wir würden lieber unter uns bleiben."

Amanda lächelte ihm zu und rutschte näher an Alison heran. „Findest du nicht, daß wir ein ideales Paar sind?" fragte sie den Mann. Er konnte nur mit dem Kopf schütteln und von dannen ziehen. Amanda und Alison brachen in lautes Gelächter aus, als er weg war.

„Wieso glauben diese Typen nur immer, wir würden ihre Gesellschaft vorziehen?" überlegte Alison.

„Weil wir es doch viel zu oft auch tun", antwortete Amanda. „Das Problem mit Männern ist einfach, daß du es mit ihnen nicht aushältst, sie aber auch nicht gut knebeln, verschnüren und in den Kofferraum werfen kannst. Hör mal. Ich werde das Wochenende im Ferienhaus meiner Eltern verbringen. Willst du nicht einfach mitkommen? Wir könnten Wasserski fahren und abends vielleicht sogar ein bißchen arbeiten. Es sei denn, wir können uns nicht vom Scrabble losreißen."

„Hört sich ja toll an", antwortete Alison. „Aber ich habe Billy versprochen, mit ihm Ski laufen zu gehen."

„Hey, bring ihn doch einfach mit", schlug Amanda vor. „Ich hätte meinen Freund ja auch gerne dabei, aber er lebt in New York. Ich an der Westküste, er an der Ostküste, wir haben's gewissermaßen zweiküstig."

„Ehrlich?" fragte Alison. Das war das erste Mal, daß Amanda ihr Privatleben erwähnte. „Wie lange läuft das schon? Muß ja schrecklich sein."

„Fast zwei Jahre sind es jetzt. Wie lange wohnst du eigentlich schon mit Billy zusammen?"

„Etwa ein halbes Jahr. Aber er ist nicht mein Freund. Er hat auf meine Zeitungsannonce geantwortet. Genaugenommen hat er mich eines Abends hier im Shooters angesprochen. Wir haben uns zuerst regelrecht gehaßt, aber jetzt kommen wir super miteinander aus. Eigentlich bräuchten wir schon T-Shirts mit dem Aufdruck: ‚Alles platonisch, ehrlich wahr.'"

„Dann bring ihn doch rein platonisch mit . . .", schlug Amanda vor.

Plötzlich setzte sich Alison kerzengerade auf. „Ach du meine Güte — mir fällt gerade was ein. Ich war vor einer Stunde mit ihm verabredet, weil wir Skier ausleihen wollten!"

„Hau ab", sagte Amanda. „Ich regel' das hier schon."

„Aber ich hatte doch versprochen, daß ich die Vorspeise bezahle . . ."

„Geh schon", drängte Amanda. „Nächstes Mal bist du dran."

Alison lächelte dankbar und hetzte los. Sie hoffte nur, daß Billy noch dasein würde. Es war schlimm genug, jemanden aus Versehen zu versetzen. Noch schlimmer war es, wenn man mit diesem Menschen zusammenwohnte und ihn garantiert wiedersah.

Viele der Mieter am Melrose Place hatten rausgefunden, daß es etwas kompliziert sein konnte, eine Affäre mit jemandem aus dem gleichen Haus zu haben. Andererseits auch nicht so kompliziert, daß sie es nicht immer wieder versucht hätten.

Jake Hanson hielt eine rote Rose in der Hand, als er die Treppe zu Jos Wohnung hinaufstieg. Er hatte die Rose einem Hare-Krishna-Jünger auf der Straße für einen halben Dollar abgekauft, aber es kam ja schließlich auf die Geste an. Er blieb stehen, um seine Haare zurückzustreichen, und klopfte dann an ihre Tür. Als sie öffnete, hielt sie in der rechten Hand mit einer Plastikpinzette ein Foto von den Santa-Monica-Bergen, das auch von Ansel Adams hätte stammen können.

„Hi", sagte sie mit einem Lächeln. „Komm rein." Sie marschierte zurück in die Dunkelkammer, wo sie den Abzug auf eine Leine hängte. Als sie sich in dem Rotlicht umdrehte, küßte Jake sie.

„Hi", sagte er.

„Wie war's bei der Arbeit?"

„Typisch Freitag." Er gab ihr die Rose. „Das ist nur ein Vorgeschmack."

Sie nahm sie und roch daran. „Eine weiße Rose. Wie schön."

„Sie ist nicht weiß", stellte er richtig. „Sie ist rot."

„Das kann ich hier drin nicht unterscheiden", erklärte sie ihm. Sie führte ihn in die Küche, wo sie die Rose in eine Vase stellte. „Du hast recht — sie ist rot. Danke, Jake. Ich liebe einzelne Rosen — sie sehen immer so stark und unabhängig aus." Sie stellte die Vase auf den Küchentisch. „Vorgeschmack auf was?"

„Was machst du morgen abend?"

„Vermutlich diese Meisterwerke noch wenigstens zehnmal entwickeln, bevor ich mit ihnen zufrieden bin."

„Falsch", sagte Jake, während er sie umarmte und ihren Hals küßte.

Sie gurrte. „Okay, dann erzähl's mir doch. Was mache ich morgen abend?"

„Ich lad' dich ganz groß zu einem romantischen Essen ein."

„Ehrlich?" fragte sie.

Er knabberte an ihrem Ohrläppchen. „Ja. Und danach kommen wir hierher zurück und lieben uns heiß und leidenschaftlich." Er küßte noch einmal ihren Hals und biß sie sanft.

Sie zitterte. „Meinst du wirklich?"

„Ja, wirklich."

„Na gut", sagte sie und sah ihm dabei fest in die Augen. „Langsam wird's auch Zeit, stimmt's?" Sie erwiderte seine Küsse, voller Verlangen, während ihre Finger mit seinen Nackenhaaren spielten. Er ließ seine Hände an ihr hinunterwandern. Ihr Körper war muskulös, aber nicht so hart wie der einiger Aerobicfanatikerinnen, die er gekannt hatte. Er ließ seine Hand unter ihr Sweatshirt gleiten und streichelte ihren Rücken, wobei er merkte, daß sie nichts drunter trug. Schwer atmend löste sie sich von ihm. Sie sah ihn an.

„Morgen, Jake", sagte sie, trat einen Schritt zurück und warf ihre Haare nach hinten. „Das war deine Idee, weißt du noch?"

„Ich seh' das nicht so eng." Er hatte sie noch nie so begehrt wie in diesem Moment. Er ging auf sie zu.

„Morgen", erinnerte sie ihn.

Er nickte grinsend. „Es wär' besser, wenn du dich ein bißchen hinlegst und schläfst, Jo", sagte er. „Wir haben eine harte Nacht vor uns."

Sie erwiderte sein Grinsen. „Iß dein Müsli", forderte sie ihn auf. „Du wirst es brauchen."

Billy machte sich gerade eine Pizza in der Mikrowelle heiß, als Alison nach Hause kam. Sie hatte ihn in der Skiabteilung nicht mehr angetroffen. Dort war es wie im Irrenhaus zugegangen. Horden von Menschen hatten sich mit Skiausrüstungen und der neuesten Après-Ski-

Mode eingedeckt. Sie versuchte, ihr überzeugendstes „Tut-mir-unglaublich-leid"-Lächeln aufzusetzen. Er zog die Augenbrauen hoch, zuckte mit den Schultern und trug die Pizza zum Tisch, als würde sie tausend Pfund wiegen.

„Hör bitte auf zu schmollen, Billy."

„Ich schmolle nicht. Ich habe Hunger. Ich habe eine Stunde lang in diesem beschissenen Laden auf dich gewartet."

„Tut mir wirklich leid", wiederholte sie.

„Dann nimm doch 'ne Tablette oder was weiß ich", giftete er sie an. „Du warst nicht mehr so verblödet, seitdem mit Keith Schluß ist."

Alison seufzte, als sie an den Mann erinnert wurde, auf den sie so reingefallen war. Sie war damals auf der Straße stehengeblieben, um ihm zuzuhören, was sie eigentlich ziemlich selten tat, wenn sie von diesen Hobbyphilosophen angequatscht wurde. Er hatte Unterschriften für die Rettung der Regenwälder gesammelt. Sie hatte sich eine Stunde mit ihm unterhalten. Dann waren sie essen gegangen. Dann noch mal, und so weiter. Dann hatte er ihr erzählt, daß er verheiratet war, aber da war es schon zu spät, und sie hatte sich unsterblich in ihn verliebt. Es war die Hölle gewesen, darüber hinwegzukommen. Aus irgendeinem Grund hielt sie ihn immer noch für einen sehr anständigen Typ. Ihr Interesse an ihm war jetzt aber nur noch rein historischer Natur.

„Es hatte was mit der Arbeit zu tun", sagte sie. „Ich mußte mit Amanda einen trinken gehen und habe darüber die Zeit vergessen. Ich habe ihr erzählt, daß ich mit dir verabredet bin, und da ist es mir dann eingefallen."

„Du mußtest?"

„Wie kann ich meiner Vorgesetzten etwas abschlagen?" fragte sie.

„Nur weil du einen Ganztagsjob hast, heißt das noch

lange nicht, daß sie über dich wie über eine Sklavin verfügen können. Na gut. Ich schätze, wir können dir jetzt immer noch ein Paar Skier mieten."

„Na ja", sagte Alison, die sich an Amandas Angebot erinnerte. Sie wollte Billy ja nicht völlig enttäuschen, aber das letzte, worauf sie im Moment Lust hatte, war in die Berge zu fahren. „Es ist so . . . ich hab' mir was anderes überlegt . . . wenn du einverstanden bist."

„Alison, nein", sagte er. „Ich habe gerade meine Skier fertig gemacht und mir lange Unterhosen gekauft. Ich fahre, dabei bleibt's. Ob du nun mitkommst oder nicht. Es gibt keine Möglichkeit, mich umzustimmen."

„Ich weiß. Und ich würde ja auch gerne mitkommen. Aber Amanda hat uns beide übers Wochenende in das Ferienhaus ihrer Eltern eingeladen. Es ist unglaublich wichtig für mich, bei der Arbeit eine Verbündete zu haben. Ich konnte einfach nicht nein sagen."

„Wirklich? Sie hat uns beide eingeladen? Wie seid ihr auf mich gekommen? Hat sie von sich aus drum gebeten, daß ich mitkomme, oder mußtest du sie dazu überreden?"

„Irgendwas dazwischen . . ."

„Dann laß uns hinfahren. Hört sich irre an. Ich brauche nur noch eine Minute Zeit, um meine langen Unterhosen auszupacken."

„Und was ist aus deinem unverrückbaren Entschluß geworden?" fragte Alison. „Mach dir keine Hoffnungen, Billy. Sie hat einen Freund."

Die Enttäuschung drückte ihn nieder, als lastete ein schwerer Zementsack auf ihm. Er ließ seine Schultern hängen. „Tja, ich hatte mir schon fast so was gedacht", sagte er, über diese neuen Entwicklungen nachsinnend. Vielleicht hätte er ja schon die Nase voll von ihr, wenn er sie ein Wochenende lang sehen würde. „Wie ist das, das wird doch kein Arbeitsmarathon, oder? Wo ich es ertragen muß, wie ihr beiden im Duett über Lucy lästert? Wenn das der Fall ist, bleib' ich lieber zu Hause und nehme Gift."

„Wir haben keins mehr", sagte Alison. „Wir werden versuchen, uns zusammenzureißen. Los, komm mit. Es wird bestimmt lustig."

„Na gut", er seufzte. Erstaunlich, wie man gleichzeitig himmelhochjauchzend und zu Tode betrübt sein konnte. „Wir können ja immer noch ein andermal Ski laufen gehen."

„Danke, Billy."

„Abgesehen davon", fügte er hinzu, „wie oft hab' ich schon mal die Gelegenheit, das Wochenende mit zwei wunderschönen Frauen zu verbringen?" Ihm fielen seine sexuellen Fantasien ein. „Die aus Fleisch und Blut sind, meine ich."

Billy war schon immer der Meinung gewesen, daß das Beste an Kalifornien die Landschaft war. Im Idealfall würde jemand den ganzen Staat zum Nationalpark erklären, alle Häuser abreißen und die Leute nach Nevada schicken, wo es scheußlich war und durch ein bißchen Zivilisation nur besser werden konnte. Leider leben zu viele Menschen in Kalifornien, und sie wissen das auch. So versuchen die Einwohner dieses paradiesischen Landstrichs immer wieder, mit ihren Autos den Massen zu entfliehen, obwohl gerade der Verkehr am schlimmsten zu ertragen ist. Als er noch ein kleiner Junge war, war es noch viel einfacher gewesen, rauszukommen. Jetzt brauchte man gut und gerne zwei bis drei Stunden, bevor man die Supermärkte und die Einkaufszentren, große Ungetüme aus Fiberglas, in denen es tumultartig zuging, hinter sich gelassen hatte, die die Außenbezirke von Los Angeles bildeten.

Das Ferienhaus von Amandas Eltern lag an einem See westlich von San Bernadino, in der Nähe von Big Bear City. Der See war eigentlich die Quelle des Santa-

Ana-Flusses, erklärte Amanda ihnen, obwohl der Fluß nur die Hälfte des Jahres Wasser führte. Der San Gorgonio lag im Süden, 3500 Meter hoch, und die Luft war so klar, daß sie den Berg deutlich sehen konnten. Sie hatten Amandas Wagen genommen, einen beigen BMW. Billy saß auf dem Rücksitz und konnte manchmal im Rückspiegel einen Blick aus Amandas Augen erhaschen, die so blau waren, daß es ihm den Atem verschlug. Manchmal hatte er den Eindruck, daß sie ihn anblickte, wenn er ihre Augen im Spiegel sah, obwohl er eigentlich ganz genau wußte, daß der Wunsch Vater des Gedankens war und sie vermutlich nur auf den Verkehr achtete.

Da sie aus Wisconsin kam, hatte Alison erwartet, daß das Ferienhaus eine einsame Hütte mit Etagenbetten, vielleicht einer Wasserpumpe, die man von Hand bedienen mußte, und einem Klohäuschen sein würde, wie die Hütte ihrer Eltern draußen am Rice Lake. Obwohl sie davon ausgegangen war, daß Amanda aus einer wohlhabenden Familie stammte, war sie überrascht, als sie die Häuser entlang des Sees betrachtete und sie schließlich in die Einfahrt des schönsten Hauses einbogen, das sie bisher gesehen hatten. Es war ein großes schiefergedecktes Haus aus Zedernholz mit einem Steinfundament. Es gab sogar eine Alarmanlage, die aufheulte, als sie eintraten. Amanda rannte los, um sie abzuschalten, und Billy begleitete sie, was Alison eher merkwürdig fand, da es nicht viel für ihn zu tun gab und sie vermutlich keine Hilfe dabei brauchte, auf einen Knopf zu drücken. Alison stellte fest, daß tatsächlich eine merkwürdige Spannung zwischen ihnen war. Wenn sie es nicht besser gewußt hätte, hätte sie darauf gewettet, daß die beiden miteinander flirteten. Der Alarm war durchdringend laut.

„Verdammt — ich kann mich nicht mehr an den Code erinnern", fluchte Amanda.

Billy wandte sich zu Alison um. „Oh, oh." Er flüsterte ihr zu: „Ruf die Polizei an, das Haus gehört ihr nicht."

„Ach, genau", erinnerte sich Amanda schließlich. „Es ist der Hochzeitstag meiner Eltern!" Sie gab die richtigen Zahlen ein, und die Sirene verstummte.

„Einen Augenblick lang habe ich gedacht, wir würden hier einbrechen, Amanda", unkte Billy.

Amanda lachte. Alison ging hinein und sah sich um. Auf dem rotbraunen Pinienholzfußboden lagen dicke Perserteppiche, es gab eine Sitzecke mit Ledersesseln, an den Wänden Gemälde mit Motiven aus der Seefahrt.

„Amanda", sagte sie. „Das ist wunderschön hier."

„Ich bin im Himmel", jubelte Billy. „Ein Riesenhaus, traumhaftes Wetter, zwei Wahnsinnsfrauen . . ." Er nahm sie beide in den Arm. Alison ging einen Schritt zur Seite. „Womit habe ich das bloß verdient?"

„Du hast es überhaupt nicht verdient", entgegnete Alison scharf. „Vergiß das nicht."

„Okay", Amanda kam aufs Praktische zu sprechen. „Bettenverteilung. Alison und ich können in meinem Zimmer schlafen. Billy, die Couch in der Bibliothek kann man ausziehen. Ich hab' mir gedacht, daß es dir bestimmt nichts ausmacht, mit all den anderen wichtigen Schriftstellern zu schlafen. Mein Vater sammelt Erstausgaben."

„Ich leg' sie mir unters Kopfkissen", sagte er. „Vielleicht färbt's ja ein bißchen ab."

„Ich könnte vermutlich den ganzen Tag darin verbringen und nur lesen", sagte Alison.

„Lesen?" fragte Billy erstaunt. „Meine lieben Mitcamper, wir sind hier, um die frische Luft zu genießen. Alison, du verschwendest kostbare Minuten unseres Wochenendes nur mit Reden. Hier ist das Programm. Erst Wasserski, bis es zu kalt wird – "

„Habt ihr beide das schon mal gemacht?" fragte Amanda.

Alison nickte.

„Ich bin ein alter Profi", sagte Billy, der sie offensichtlich beeindrucken wollte, obwohl sich Alison nicht daran erinnern konnte, daß Billy jemals zuvor Wasserski erwähnt hätte. Er fuhr fort: „Dann Volleyball, dann ein Spaziergang unter der Führung von eurem ergebenen . . ."

„Das ist ja Wahnsinn." Amanda schien es ernst zu meinen. „Unser persönlicher Campleiter. Perfekt."

„Er will uns nur in den Neoprenanzügen sehen", argwöhnte Alison.

„Ich glaube, ich zieh' mir meinen trotzdem an", sagte Amanda. „Wir treffen uns in zehn Minuten wieder hier. Im Bootshaus findet ihr Anzüge, wir haben bestimmt welche in eurer Größe. Der Schlüssel hängt an der Küchentür — er hat einen Anhänger mit einem Fisch dran." Sie verschwand, und während sie die Treppe hochstieg, zog sie ihren Pulli über den Kopf, wobei man ein Stück ihres nackten Rückens sehen konnte. Alison stellte fest, daß Billy grinste. Er grinste sie an.

„Alison, das war eine tolle Idee", sagte er.

Sie versuchte sich ein Lächeln abzuringen.

Billy fand einen kurzärmligen Neoprenanzug und zog ihn im Badezimmer an. Das Boot war ein imposantes Schiff, ein sechs Meter langes Chris-Craft mit einem 150-PS-Evinrude-Zwillingsmotor, der leistungsfähig genug gewesen wäre, eine ganze Formation von Wasserskiläufern hinter sich herzuziehen. Amanda sah beeindruckend aus in ihrem rotgrünen Neoprenanzug, der jede Kurve ihres Körpers zur Geltung brachte. Alison sah auch nicht schlecht aus, mußte Billy zugeben, aber an ihr war er gerade nicht interessiert. Als Amanda sie fragte, wer von ihnen anfangen wolle, schlug Billy Alison nur aus dem Grund vor, weil er mit

Amanda alleine sein wollte. Amanda fragte Alison, ob sie wüßte, wie sie von der Rampe starten müsse.

„Eigentlich nicht", gab sie zu. „Um ehrlich zu sein, hab' ich so was erst ein paarmal gemacht. Vielleicht will Billy ..."

„Schwimm dann einfach ein bißchen raus, und wir starten im Wasser", schlug Amanda vor.

Als sie Alison erreichten, warf Billy ihr die Leine zu. Sie griff danach ...

„Du warst also wirklich schon mal Campleiter?" fragte Amanda Billy, den Krach der Außenbordmotoren übertönend. Mit ihrem nassen Haar, das sie zurückgestrichen hatte, sah sie aus wie ein europäisches Supermodel. Vielleicht würde sie ja nachher Hilfe brauchen, die Haare mit dem Handtuch trockenzurubbeln.

„Zweimal in den Schulferien in den Santa-Monica-Bergen", erzählte er ihr. „Ich könnte noch mit geschlossenen Augen die Knoten machen."

„Ich war da ein paar Mal in Mädchenzeltlagern. Vielleicht haben wir uns getroffen."

„Ich war der, der sich immer hinter einem Buch versteckt hat, weil er sich nicht getraut hat, dich zum Tanzen aufzufordern", gestand er ihr. Damals war er allerdings eigentlich weniger auf Mädchen versessen gewesen als darauf, mit seinem Messer auf Bäume zu werfen oder Frösche zu martern. Jetzt war das eher umgekehrt.

„Ich kann mir gar nicht vorstellen, daß du mal ein schüchterner Junge warst."

„Stimmt aber. Und ich weiß auch, wie du damals warst — vermutlich von allen umschwärmt, oder? Die Jungs waren in dich verknallt, und die Mädchen brachten es nicht fertig, dich zu hassen. Deine größte Sünde bestand darin, heimlich Karikaturen von deinen Campleitern in dein Tagebuch zu zeichnen."

Amanda lachte. „Du hast hinter mir herspioniert,

gib's zu." Sie breitete die Arme aus. „Mein Gott, ist das schön hier draußen."

Es war das erste Mal, daß sie sich wirklich tief in die Augen sahen. Billys Knie wurden weich.

„Das stimmt", sagte er, ohne wegsehen zu können. „Wenn man draußen auf dem Wasser ist, hat man den Eindruck, das alltägliche Leben hinter sich gelassen zu haben."

„Keine Vorschriften", stimmte Amanda ihm zu. „Keine Verantwortung."

„Außer Wasserskifahren." Billy beugte sich zu ihr hinüber und legte seine Arme um sie, als ob er ihr helfen wollte, das Boot zu lenken.

„Du bist der nächste im Wasser, alter Profi", teilte sie ihm mit, ohne seinen Annäherungsversuch abzuwehren.

„Um ehrlich zu sein", sagte er, „beschränken sich meine Wasserskikenntnisse auf das Lenken des Bootes." Sie lehnte sich für einen Moment in seine Arme zurück. Wieder trafen sich ihre Blicke.

Alison schaukelte im Wasser, durch die Schwimmweste oben gehalten, und versuchte, noch einmal zu schreien. Offensichtlich konnten sie sie wegen des Motorengeräusches nicht hören, aber einer von ihnen hätte sich ja wenigstens mal umdrehen können, um nach ihr zu sehen. Sie hatte die Leine nicht erwischt, als sie ihr zugeworfen wurde. Das Boot war nun schon fast hundert Meter von ihr entfernt und fuhr weiter auf den See hinaus, ohne daß sich irgend jemand um sie gekümmert hätte.

„Hey!" schrie sie noch mal. „Hey, ihr beiden! Vergeßt mich nicht! Hey! Was ist mit mir?"

Das Boot trieb immer weiter davon.

Sie keuchte vor sich hin. „Das wird nicht gutgehen. Das wird überhaupt nicht gutgehen."

101

6

Ein Wochenende mit Nachspiel

Seitdem sie als Kind in einem See auf eine Schildkröte getreten war, erschauerte Alison immer bei dem Gedanken an all das Viehzeug, das im Süßwasser lebte — Blutegel und Aale und schleimige Würmer und bissige Schildkröten und was es da sonst noch so gab. Es war noch schlimmer, wenn sie sich vorstellte, was sich im Meer tummelte, Haie und Kraken und Surfer und andere eklige Biester. Beim Wasserski hatte sie genug damit zu tun gehabt, sich um das zu kümmern, was sie mit bloßem Auge sehen konnte, so daß sie überrascht war, als sie von einem mikroskopisch kleinen Organismus angefallen wurde: einer stinknormalen Erkältungsbakterie, die sie umwarf und um drei Uhr nachmittags ins Bett zwang. Sie lag in der Bibliothek auf der Couch, von Erstausgaben umgeben, und hatte das Gefühl, daß ihr Kopf gleich explodieren müsse. Ihre Augen tränten, ihre Nase lief, und vermutlich würde sie auch noch Fieber kriegen, obwohl sie vielleicht nur deshalb wie Espenlaub zitterte, weil das Wasser so kalt gewesen war. Und natürlich machte sie den anderen auch alles kaputt. Sie putzte sich gerade die Nase, als Billy mit einen heißem Tee mit Zitrone und Honig hereinkam.

„Hier", sagte er. „Trink das."

„Danke." Sie schniefte.

Amanda kam aus dem Badezimmer und brachte eine Packung mit Grippetabletten mit. „Ich wußte, daß wir die noch irgendwo hatten." Sie las den Beipackzettel und nahm dann zwei Tabletten raus. „Alle sechs Stunden zwei Stück, heißt es hier."

Alison nahm sie dankbar. „Ich kann das einfach nicht glauben", sagte sie. „Seit Monaten das erste Wochenende, an dem ich rauskomme, und ich werde krank."

„Es war meine Schuld", sagte Amanda. „Wir hätten überhaupt nicht Wasserski fahren sollen. In der Sonne ist es warm, aber das Wasser ist noch eiskalt."

„Was du nicht sagst." Alison versuchte, nicht mit den Zähnen zu klappern. Billy legte eine Decke über sie. „Wir hatten zwar abgemacht, nachher essen zu gehen, aber ich glaub', ich fühl' mich nicht so recht danach."

„Wir bleiben hier", sagte Amanda.

„Und verhungern", fügte Billy hinzu und warf Amanda einen Blick zu.

Alison sah sie beide an. Eigentlich war sie viel lieber allein, wenn sie krank war. „Geht ihr beiden nur", sagte sie. „Ich bleibe hier und lese. Suchst du mir ein Buch raus, das mich ein bißchen ablenkt?"

„Wie wär's mit Ralph Waldo Emerson", schlug Billy vor, der vor einem Regal stand und den Kopf zur Seite gelegt hatte, um die Titel der Bände lesen zu können.

„Das wär' nicht schlecht", sagte sie. „Vielleicht sollte ich ein kleines Nickerchen machen, so vergesse ich wenigstens meinen Kummer."

„Wir bringen dir was zu essen mit", versprach Amanda ihr.

„Aber nur, wenn's nicht zuviel Aufwand ist."

„Wir sind die drei Musketiere, weißt du nicht mehr?" Billy lachte.

Alison versuchte zu lächeln, mußte statt dessen aber niesen. Im letzten Augenblick konnte sie den Inhalt ihrer Nase mit einem Taschentuch auffangen.

„Die drei Musketiere", echote sie.

„Hast du auf irgendwas besonderen Appetit?" fragte Billy. „Vielleicht Tintenfisch?"

Alison merkte, daß ihr jetzt auch noch schlecht wurde.

Matt fand einen Parkplatz direkt vor dem Shooters und ging hinein. Es war Samstagnachmittag, vier Uhr, und so tot, wie er es dort noch nie erlebt hatte. Der Mann, mit dem er verabredet war, saß am Ende der Theke. Ein paar junge Typen spielten Billard, und ein alter Mann saß am Fenster und studierte seine Zeitung. Abgesehen davon herrschte gähnende Leere.

Matt stellte sich einen Barhocker neben Terrence und machte dem Kellner ein Zeichen, daß er ihm ein Bier bringen sollte. Terrence drehte sich auf seinem Stuhl zu ihm um.

„Ich hätte nicht gedacht, daß du kommst", sagte er. Er sah völlig fertig aus, als ob er seit mehreren Tagen nicht geschlafen hätte. Er hatte sich auch nicht rasiert. Matt überlegte kurz, ob Terrence sich so gehen ließ, um Rhonda bei ihrem nächsten Treffen ein schlechtes Gewissen zu machen, nach dem Motto: „Da siehst du, was passiert, wenn du mir das Herz brichst." Aber Matt sah ein, daß er nicht gut bestimmen konnte, wie sich jemand zu verhalten hatte, der gerade an gebrochenem Herzen litt. Terrence nuckelte an einem Glas. „Ich freu' mich darüber."

Matt fühlte sich unbehaglich. Er hatte diesen Mann ein paarmal bei Rhonda getroffen, aber er kannte ihn nicht besonders gut. „Um ehrlich zu sein, ist mir das ein bißchen unangenehm", sagte er vorsichtig, „aber es ist nicht meine Art, Hilfeschreie zu überhören."

„Dann habe ich meinen Notruf dem richtigen Anrufbeantworter übermittelt."

„Kommt drauf an, um was es geht." Matt blieb vorsichtig. Er hatte sich fest vorgenommen, sich nicht einzumischen, Sprachrohr zu spielen oder Rhondas Vertrauen zu brechen. Wenn es, davon abgesehen, irgend etwas gab, was er tun könnte, hätte er nichts dagegen.

„Ich wär viel lieber mit Rhonda hier", sagte Terrence. „Nicht mit dir. Keinen Streit. Ich möchte sie mit herzförmigen Rubinohrringen überhäufen und sie sagen hören: ,Du übertreibst, Kleiner', und sehen, wie ein Strahlen über ihr Gesicht geht.'"

Matt nahm einen Schluck und setzte sein Glas wieder ab. „Ihr geht's vermutlich genauso", stimmte er zu.

„Rein rational gesehen, aber vielleicht ist das ja auch machohaft, müßte ich mir sagen: ,Terrence, vergiß sie einfach.' Aber tief in meinem Innern sehne ich mich so sehr nach ihr, Matt. Und ich will es einfach nicht wahrhaben, daß alles vorbei sein soll." Er starrte in sein Bier. Einer der Jungen am Billardtisch fluchte. „Ich glaube, sie hat bloß Angst. Meinst du nicht auch? Hat sie dir das nicht vielleicht erzählt?"

Matt stützte sein Kinn auf die Hand. „Terrence, versteh' doch. Ich kann dir nicht erzählen, was Rhonda mir anvertraut hat. Allein wenn sie wüßte, daß ich hier bin, wäre sie . . . na ja, sauer. Mehr als sauer."

„Ich versteh' schon." Terrence seufzte. „Dann reden wir eben über mich."

Matt nickte.

„Ich bin einunddreißig. Ich wußte immer, was ich wollte. Ich mußte ja — es hat mir geholfen. Und ich habe versucht, Rhonda aus meinem Gedächtnis zu streichen, aber dann dachte ich — ich nehm' ihr das nicht ab, Matt. Du mußt mir sagen, wie ich sie zurückgewinnen kann."

Matt hätte am liebsten losgelacht. Wenn er Leuten sagen könnte, wie sie genau das bekamen, was sie wollten, wie sie den Menschen, den sie liebten, aber verloren hatten, wieder für sich einnehmen können, wär' er schon längst Millionär. Er hatte die Erfahrung gemacht, je mehr man einen Menschen bedrängte, desto eher lief man Gefahr, ihn zu verlieren. Obwohl er sich bei Rhondas Entscheidung auch nicht so ganz sicher war und überlegte, ob sie nicht doch einen Fehler machte. Natürlich war sie noch nicht „soweit" — wer war das schon? Leider gab es ja keine medizinischen Tests, nach denen die Krankenschwester einen dann aus dem Krankenhaus anrief und sagte: „Wir haben gute Neuigkeiten für sie — der Test war positiv, Sie können sich jetzt verlieben." Obwohl die Medizin heutzutage ja schon sehr weit war. „Ich weiß nicht", sagte er schließlich. „Das geht mir zu weit."

„Ich bitte dich nur als Freund, das ist das einzige, worum ich dich eigentlich bitte", sagte Terrence. „Nicht als mein Freund, sondern Rhondas. Sieh zu, daß sie keine Fehler macht. Ich bin ein guter Mensch. Ich sag' das nicht, um anzugeben oder egoistisch zu klingen, aber ich kann mir nicht vorstellen, daß man so jemanden wie mich jeden Tag trifft. Ich kümmer' mich schon um meinen eigenen Kram, kann meine Sache selbst vertreten — aber vielleicht kannst du ja sicherstellen, daß ich eine faire Verhandlung kriege. Okay?"

Matt ließ sich von Terrence überzeugen. Er selbst stand dort, wo er gar nicht stehen wollte — genau zwischen ihnen.

Billy beobachtete zwei Haubentaucher, die nebeneinander über den See paddelten. Haubentaucher, hatte er irgendwo mal gehört, suchen sich ihren Partner fürs ganze Leben. Als er Jake das einmal erzählt hatte, hatte der geantwortet: „Dann paß bloß auf, daß du dabei nicht untergehst — schließlich bist du kein Haubentaucher." Billy gefiel die Vorstellung trotzdem, und außerdem gefiel es ihm, mit Amanda am Seeufer entlang zu gehen und den Sonnenuntergang zu beobachten. Er überlegte, ob sie wohl Lust hätte, am Strand ein riesiges Lagerfeuer zu machen und dann unter dem Sternenhimmel zu schlafen, am besten natürlich mit ihm im selben Schlafsack. Vielleicht könnten sie ja irgendwo eine Krankenliege mit einem Tropf auftreiben und Alison auch mitnehmen. Ach nein, für sie war's drinnen doch bequemer. Besser, wenn er und Amanda ganz alleine am See waren. Das Allerbeste war, daß er genauso gerne mit ihr redete, wie er sie ansah. Sie war gerade mit ihrer Lebensgeschichte fertig. Er überlegte, ob er sie darum bitten sollte, alles noch einmal zu erzählen.

„Und dann habe ich ein Jahr in Italien Kunst studiert", sagte sie. „Es war einfach super. Ich könnte zehn Jahre in Florenz leben und hätte trotzdem immer noch nicht alles gesehen."

„Das kann ich mir gut vorstellen", sagte Billy emphatisch. „Mein Traum war immer, nach Europa zu gehen, als heimatloser Schriftsteller, und zehn Jahre lang an einem bedeutenden Roman zu arbeiten. Ich weiß, daß sich das ziemlich dämlich anhört, wie der Typ in dem Comic, der zu seinem Freund sagt: ‚Mensch, ich wünschte mir, ich hätte die Zeit, so wie Tolstoi zu schreiben.' Aber es ist ein schöner Traum, findest du nicht? Ich wäre wie Fitzgerald ohne elitäre Selbstzerstörung, wie Hemingway ohne Knarre, wie Joyce ohne sexuelle Schuldgefühle. Vielleicht wie Salman Rushdie ohne Fatwa."

„Jack London ohne Alkoholprobleme."

„Oder Schulden."

„Meine Lieblingstante lebt in Paris", erzählte Amanda. „Ich habe immer davon geträumt, an der Seine zu sitzen und Bilder zu verkaufen."

„Damit kannst du aber ganz schnell baden gehen."

Sie lächelte über seinen Scherz.

„Aber mal im Ernst, ich bin beeindruckt. Du hast es geschafft, Kunst und Karriere zu verbinden, richtig Geld draus zu machen. Das heißt schon was."

Sie nahm einen Stein und versuchte, ihn über das Wasser springen zu lassen, aber er plumpste nur mit einem lauten Platsch in den See. „Da siehst du's", sagte sie. „Genau so. Wenn ich das Talent und den Mut gehabt hätte, wär' ich bei meiner Kunst geblieben. Statt dessen: Platsch."

„Talent kann man überhaupt nicht objektiv beurteilen", beschied er. „Ich habe auf der Uni immer nur Einser auf meine Essays über moderne Literatur gekriegt und dachte folglich, daß ich wahnsinnig talentiert bin und auf jeden Fall Schriftsteller werde, wenn ich mal groß bin. Jetzt bin ich groß und fahre Taxi und habe immer noch diesen Traum."

„Und wie läuft's?"

Er nahm einen Stein und warf ihn über das Wasser. Er sprang siebenmal hoch, bevor er unterging. Er lächelte sie an, und sie erwiderte sein Lächeln.

„Ich versuche, mir meinen Glauben zu bewahren", sagte er.

„Ich würde gerne mal was von dir lesen", bot sie an.

„Entweder bist du eine sehr mutige oder eine sehr unüberlegte Frau", sagte er. „Aber ich werde dich beim Wort nehmen."

Sie gingen schweigend weiter. Billy blickte auf den See hinaus. Er beobachtete, wie die Haubentaucher nacheinander unter der Wasseroberfläche verschwanden, um dann nach geraumer Zeit und ganz woanders wieder aufzutauchen. Als wären sie Teilnehmer bei einem Synchronschwimmen in freier Natur.

„Gut", legte er los, tief Luft holend und insgeheim die Daumen drückend. „Erzähl mir was über deinen Freund."

Er spielte auf Risiko, aber Jake hatte einmal philosophiert: „Wenn man nur rumsitzt und den Kopf hängen läßt, wird sich nie was ändern."

„Alison hat dir das erzählt, was?" fragte Amanda.

„Ja", gab Billy zu und versuchte, gelassen zu klingen. „Wir kamen zufällig drauf."

„Aha", sagte Amanda nachdenklich. „Weißt du, Billy, wenn du mit Aquarellfarben malst, versuchst du, die momentane Stimmung einzufangen und sie nicht . . . nicht komplizierter zu machen." Sie riß einen Grashalm aus und zerpflückte ihn. Der Himmel hatte die Farbe von Lasagne.

„Ich verstehe. Ich zieh' die Frage zurück."

Amanda sah ihn an und ließ dann ihren Blick umherwandern, um festzustellen, wo sie waren. „Meine Güte", sie erschrak. „Wir sind an dem chinesischen Restaurant schon längst vorbei. Wir hätten am Strandbad links abbiegen müssen."

„Ich schätze, wir haben die Zeit vergessen."

„Ja", sie blickte ihm wieder in die Augen. „Schätze, das haben wir."

Er merkte, daß sie eigentlich noch mehr sagen wollte. Er merkte auch, daß das Aquarellbild noch nicht fertig war.

Vielleicht war es die Nacht der Nächte. Es stand in den Sternen. Oder lag in der Luft. Vielleicht war es vorherbestimmt. Jedenfalls war es die richtige Nacht für eine Romanze.

Jo trug einen schwarzen Minilederrock und eine schwarze Lederjacke über einem Body, der schwarz und elastisch und vielversprechend aussah. An den Kragen hatte sie Jakes rote Rose gesteckt. Große goldene Ohrringe, das Haar nach hinten gekämmt. Auf dem Rücksitz von Jakes Motorrad hatte sie so sexy ausgesehen, daß ein Springbrunnen vor einer Kirche zu sprudeln anfing, als sie vorbeifuhren. Jake wollte sie nur küssen, und offenbar wollte auch sie nichts anderes, als ihn zu küssen, und genau das taten sie auch, nichts anderes, wie Teenager — wie die Verrückten.

„Ähem", sagte der Kellner, der ihnen zwei Gläser mit Wein brachte.

Jake hielt kurz inne. Ach, sie waren in einem Restaurant? Na, und wenn schon?

„Wollen Sie noch etwas bestellen?" fragte der Kellner.

„Noch mal Austern", flüsterte Jo, ohne den Blick von Jake abzuwenden. Sie strich ihm mit dem Handrücken über die Wange.

„Ich glaube, Sie haben schon genug Austern gehabt", beschied der Kellner. „Ich komme gleich wieder."

„Du fühlst dich wunderbar an", sagte Jo.

„Danke."

Sie schob den leeren Teller zur Seite und küßte ihn wieder. „Ich habe die Nase voll von Vorspeisen."

„Ich versteh', was du meinst."

Sie riß sich zusammen. „Wir benehmen uns unmöglich."

„Fürchterlich", sagte Jake.

Unter dem Tisch legte sie ihm ihre Hand auf den Schenkel und küßte ihn noch einmal. „Ich will jetzt mir dir schlafen", flüsterte sie.

„Jetzt?"

„Hier und jetzt", sagte sie, während sie ihn streichelte und ihn voller Verlangen küßte.

Aus den Augenwinkeln sah Jake eine vierköpfige Familie am Nachbartisch. Die Mutter und die jugendliche Tochter sahen zu ihnen herüber. Jake ergriff Jos Hand. Er nahm einen Zehn-Dollar-Schein aus seiner Brieftasche und warf ihn auf den Tisch.

„Komm", sagte er, indem er sie hochzog. „Wir essen zu Hause."

„Und dann lassen wir uns eine Pizza kommen", stimmte sie zu. Auf dem Weg nach draußen gingen sie an dem erstaunten Kellner vorbei.

„Entschuldigung", versuchte Jo ihm zu erklären. „Wir konnten nicht mehr warten."

Billy fachte im Kamin ein Feuer an, während Amanda und Alison die letzten Dampfnudeln verputzten. Aus irgendeinem Grunde gingen alle davon aus, daß er als Mann instinktiv wissen müßte, wie man Holz schichtete und ein Feuer anzündete. Er gab sein Bestes und hielt ein Streichholz an das zusammengeknüllte Zeitungspapier unter dem Feuerholz. Es fing Feuer, das aber sofort wieder ausging, als das Papier verbrannt war. Billy drehte sich um und stellte fest, daß Amanda ihn angrinste.

„Weißt du was", sagte sie, „wir haben auf der Veranda Grillanzünder. Warum nehmen wir die nicht?"

„Ich beuge mich deiner großen Erfahrung." Billy dienerte. Alison sah ihn mit einem ungläubigen Gesicht an, als wollte sie sagen: „So redest du doch sonst nicht."

Als das Feuer endlich loderte, ging Amanda noch einmal hinaus und kam mit drei Kristallgläsern und einer passenden Karaffe zurück. „So", kündigte sie an. „Wer will vom besten Cognac meines Vaters probieren?"

„Mußt du da noch fragen?" sagte Billy.

„Alison? Cognac ist die allerbeste Medizin gegen eine Erkältung."

„Klar." Sie schniefte. Sie fühlte sich ein bißchen besser, war aber immer noch nicht wieder ganz auf dem Damm.

Amanda goß den Cognac ein, reichte ihnen die Gläser und setzte sich dann neben Billy auf den Boden. Alison lag unter einer Decke auf der Couch. Das Feuer war warm und gemütlich, denn draußen war es ziemlich kalt geworden, und das Haus war nicht gerade winterfest.

„Tolles Zeug", sagte Billy, während er nippte und am Glas schnüffelte.

„Es geht mir bis in die Zehenspitzen", verkündete Alison. „Wenn ich bloß was riechen könnte."

„Vielleicht gibt's einen guten Filmklassiker im Fernsehen." Billy schaute Amanda an. „Erzähl mir jetzt bloß nicht, daß es hier keinen Kabelanschluß gibt."

„Viel schlimmer", mußte Amanda beichten. „Wir haben hier nicht mal ein Fernsehgerät. Eine der Macken meines Vaters."

„Ach du meine Güte", sagte Billy. „Was sollen wir denn den ganzen Abend machen? Keine Aufregung, verhaltet euch ruhig. Vielleicht gibt's hier ein Handbuch mit Ratschlägen, wie man in solchen Fällen überlebt."

„Ich habe eine Idee", sagte Amanda. „Wir machen ein Spiel, das ich immer mit meinen Schulfreundinnen gespielt habe, wenn wir hierherkamen." Sie sah erst Billy, dann Alison an. „‚Sag die Wahrheit'."

„Ich liebe das!" rief Billy.

Alison verdrehte die Augen. Vielleicht war es an der Zeit, daß sie wieder kränker würde. Obwohl sie eigentlich nicht mehr allein sein wollte.

„Was ist mit dir, Alison?"

„Wie wär's denn mit Scrabble oder Beruferaten . . .?"

„Sie hat was zu verbergen", klärte Billy Amanda auf. „Ein Grund mehr, es zu spielen."

„Hab' ich gar nicht", protestierte Alison. Amanda wollte auch spielen, das war offensichtlich. Dann blieb ihr wohl nichts anderes übrig. „Okay, ich mache mit."

„Wer will anfangen?" fragte Amanda. Die drei sahen einander an, ohne daß einer gewagt hätte, ein Wort zu sagen.

Das Spiel fing langsam und harmlos an, und das Feuer und der Cognac taten ein übriges, um die Situation zu entspannen. Bald fühlten sie sich wie die allerbesten Freunde, die eine Menge voneinander wußten. Amanda war dran, Alison eine Frage zu stellen.

„Okay . . . Alison. Mal sehen . . . Okay, was war deine größte Lüge?"

Alison überlegte einen Moment. Einer der Gründe, warum sie dieses Spiel nicht mochte, war, daß alle anderen immer spannendere Geheimnisse als sie zu erzählen hatten, mehr erlebt hatten — kurz, ein interessanteres Leben führten.

„Okay", sagte sie. „Das wird dir gefallen . . . Ich habe Lucy belogen."

„Das ist deine größte Lüge?" fragte Billy ungläubig. Er drehte sich zu Amanda um. „Wow, sieht so aus, als würden wir hier richtig dramatische Bekenntnisse zu hören kriegen, was?"

„Halt den Mund", sagte Amanda und schubste ihn sanft. „Ich will es hören." Sie drehte sich zu Alison um. „Wieso? Warum?"

„Ich hatte was mit diesem süßen, halbverheirateten Mann . . . Keith", erzählte Alison. Sie stockte, die Erinnerung daran tat noch immer weh. „Alle meine guten Vorsätze waren dahin."

Billy erinnerte sich, wie Alison zwei Wochen lang jeden Abend geweint und wie er versucht hatte, mit ihr zu reden, sich um sie zu kümmern und sie sogar davon abzuhalten, eine Dummheit zu machen. Mehrere Dummheiten, wenn man's genau nahm. Es war anstrengend gewesen, aber er hatte sich ihr nie so nahe gefühlt wie in dieser Zeit, als mit Keith Schluß war. „Das ist noch harmlos formuliert", sagte er.

„Jedenfalls hätte ich eigentlich Überstunden machen und für Lucy arbeiten müssen. Aber ich habe ihr erzählt, daß ich krank bin." Sie erinnerte sich, wie aufgeregt sie gewesen war. „Dann bin ich zu Keith gegangen, um die Nacht bei ihm zu verbringen."

„Hat's geklappt?" fragte Amanda.

„Ich hab' dafür gesorgt."

„Autsch", sagte Billy. Alison stieß ihm mit dem Ellbogen in die Rippen.

„Um ehrlich zu sein, nicht richtig", sagte Alison lachend. „Ich bin eine ganz schlechte Lügnerin. Lucy hat's genau durchschaut. Und Keith habe ich nicht wieder getroffen."

Billy legte noch ein Holzscheit aufs Feuer. „Ich kann auch eine Lüge aus der Keith-Zeit beisteuern", sagte er.

Alison sah ihn mit hochgezogenen Augenbrauen an.

„Er hat angerufen und wollte mit Alison sprechen, aber ich hab's ihr nicht erzählt."

„Was?" rief Alison. „Billy, du Idiot! Wann?"

„Kurz nachdem du mit ihm Schluß gemacht hattest", erklärte er. Er griff unter der Decke nach ihrem Fuß und drückte ihn. „Ich wollte dich nur beschützen."

Alison war sich nicht sicher, ob sie von ihm beschützt werden wollte. Sie konnte sich ganz gut um sich selbst kümmern. Meistens wenigstens. „Vielen Dank . . . muß ich jetzt wohl sagen."

„Wenn wir gerade bei der Liebe sind", sagte Amanda, „da habe ich auch noch eine Lüge zu beichten."

„Scheiße", rief Billy.

„Warum regst du dich denn so auf?"

„Ich hab' nur meinen Cognac umgeschmissen", erklärte er, während er mit einer Serviette herumwischte. „Entschuldige. Mach weiter."

„In Wahrheit . . .", fing Amanda an und machte eine kleine Pause, um die Spannung zu steigern, und vielleicht auch, um zu überlegen, ob sie es wirklich erzählen sollte, „in Wahrheit habe ich gar keinen Freund."

„Das versteh' ich nicht", unterbrach Alison. „Warum hast du mir dann erzählt . . .?"

Billy beugte sich vor, nicht ganz uninteressiert.

„Oh, es gibt ihn schon", sagte Amanda. „Nur sehen wir uns so selten . . . höchstens eine Woche pro Jahr." Sie überlegte, wie sie es am besten erklären sollte. „Wir schreiben uns."

„Dazu sagt man dann aber Brieffreund", sagte Billy.

„Nicht, wenn Gefühle im Spiel sind", sagte Alison.

„Tja", entgegnete Amanda. „Sind's aber nicht." Sie nahm einen Feuerhaken und stocherte im Kamin herum. „Um genau zu sein, dient er mir, glaube ich, als Ausrede . . . damit ich einen Grund habe, warum ich mich auf niemanden einlassen muß." Sie stocherte wieder im Feuer. „Ich hatte immer Angst davor, daß eine Beziehung meine Karriere durcheinanderbringt."

„Glaub mir", sagte Alison, „das kann passieren."

„Schon möglich", Billy zuckte die Achseln, „aber man kann doch nicht Liebe, Gefühle und alles dem Ehrgeiz opfern."

„. . . sagte der idealistische junge Schriftsteller", konterte Amanda schlagfertig.

„Das hat nichts mit Idealismus zu tun, Amanda", entgegnete Billy. „Das ist gesunder Menschenverstand. Sagt die Wahrheit — war eine von euch schon mal richtig verliebt? Ich mein', so richtig?"

Es war nur das Knistern des Feuers zu hören.

„Na ja", sagte Amanda schließlich. „Ich hab' das Gefühl, daß wir uns in einer Sache einig sind." Sie hob ihr Cognacglas zu einem Trinkspruch. „Auf die wahre Liebe. Irgendwann mal."

Sie stieß mit Billy an, dann mit Alison.

Dann wieder mit Billy.

Jo hatte immer Probleme mit ihren Schlüsseln. Sie träumte oft, daß sie ihre Schlüssel verloren, in einen Gully fallengelassen oder im Türschloß abgebrochen hätte oder daß sie in ihrer Hand schmelzen würden. Sie hatte schon mal eine Psychiaterin um Rat gefragt, die sie auf einer Party getroffen hatte; sie schrieb gerade an ihrer Doktorarbeit über die schwere Kunst der Traumdeutung. Die Frau hatte ihr erzählt, daß man Schuldgefühle hätte, wenn man immer wieder davon träumte, Schlüssel zu verlieren. Hatte sie Schuldgefühle — und wenn ja, warum? War es aus dem Grund, weil Jake nach ihrem Ehemann der erste war, mit dem sie schlafen würde? Oder weil sie noch in Scheidung lebte, auch wenn sie sich sonst eigentlich nicht um solche Formalitäten kümmerte? Oder weil Jake direkt hinter ihr stand, ihren Nacken küßte und seine Hände über ihren Körper wandern ließ? Endlich fand sie ihr Schlüsselbund und schloß die Tür zu ihrer Wohnung auf.

„So", sagte sie. Sie war heiß wie ein Kanonenrohr bei der Schlacht am Little Big Horn, aber auch ein bißchen verwirrt. „Ich glaub's einfach nicht. Ich bin nervös."

„So geht's mir auch", sagte Jake.

„Du kannst es nicht glauben, daß ich nervös bin?"

„Nein. Ich bin auch nervös."

„Trotz der aufgestauten Erwartung."

„Ja, ein ganz schöner Druck."

„Ich gehe davon aus, daß du reinkommen willst."

Jake ging Jo hinterher. Sie begann, hektisch auf und ab zu gehen, und rannte ohne erdenklichen Grund in die Küche. Als sie sich schließlich zu Jake umdrehte, fühlte sie sich von ihm magnetisch angezogen.

„So . . .", sagte er.

Es war ihr peinlich, wie damals in der Schule, als ihr Schwarm in Anwesenheit ihrer Mutter gesagt hatte, daß sie wunderschön aussähe, und sie am liebsten im Boden versunken wäre. „Verdammt. Ich benehme mich, als wäre ich fünfzehn."

„Jo", Jake schluckte, „wenn es noch zu früh ist . . ." Wie er dort im Gegenlicht stand, einen Fuß vorgestellt, die Daumen in den Gürtel gesteckt, sah er irgendwie irreal aus, wie eines ihrer Fotos.

„Ich will nur nicht, daß es eine Enttäuschung wird", sagte sie.

„Wird's nicht", versprach er ihr. „Es wird der absolute Höhepunkt sein." Er trat einen Schritt näher. Sie ging einen Schritt zurück.

„Na gut", sagte sie. „Und wenn's zu gut ist?"

„Das ist ein Oxymoron", sagte er und ging zu ihr hin.

„Was ist ein Oxymoron?" fragte sie, um Zeit zu schinden.

„Du weißt schon", sagte er, „so was wie ‚Riesenbaby' oder ‚gut riechendes Deo'. Etwas, was unmöglich ist, eben wie ‚zu guter Sex'. Und wenn's doch der Fall ist, haben wir halt Glück gehabt."

Sie wich ihm nicht mehr aus. Die Sicherheit, die er ausstrahlte, war ansteckend, und der Ausdruck in seinen Augen machte ihr Mut, auch wenn ihre Knie noch ein bißchen weich waren und es in ihrem Magen rumorte. Er nahm sie in seine Arme und zog sie an sich, so daß ihre Köpfe nur noch wenige Zentimeter voneinander entfernt waren. Sie mußte grinsen.

„Hey", er fummelte an den Knöpfen ihrer Jacke rum. „Ich weiß ein gutes Mittel gegen Lampenfieber."

„Ich auch", murmelte sie. Sie fühlte sich immer besser, als sie fühlte, wie sich sein warmer Körper gegen ihren preßte. Alles zu seiner Zeit, aber sie hatte viel zu lange gezögert, den Dingen ihren Lauf zu lassen. Jetzt war genau der richtige Zeitpunkt, sie waren am richtigen Ort, und Jake war auch genau der richtige Mann. „Das Hemd sieht toll aus", sagte sie, während sie daran zupfte. Sie flüsterte ihm ins Ohr: „Aber willst du es nicht ausziehen?"

Sie küßten sich wieder und legten all ihr Verlangen in diesen Kuß. Jake öffnete ihre Jacke und schob sie ihr über die Schultern hinunter. Er sah, wie sich ihre Brust in dem schwarzen Body hob und senkte. Er fand den Reißverschluß ihres Rocks im selben Moment, als sie seine Gürtelschnalle fand, und niemand von ihnen dachte jetzt noch einen Augenblick daran, einen Rückzieher zu machen. Er ließ ihren Rock auf den Boden fallen, und sie schmiegte sich an ihn, ihr nacktes Bein um seines schlingend. Dann konnte sie ihn gar nicht schnell genug ins Schlafzimmer kriegen, obwohl er nichts tat, um sie daran zu hindern. Sie ließen eine Spur von Kleidungsstücken und eine Staubwolke hinter sich, ähnlich wie Roadrunner in dem Comic, wenn er, „biep biep" schreiend, losrannte.

Im Schlafzimmer wurde es dann ernst.

In der Küche von Amandas Ferienhaus trocknete Billy die Teller ab. Alison spülte, während Amanda das Geschirr wegstellte. Alison witzelte, Billy sei in ihrer Wohnung nie so häuslich, aber Billy widersprach ihr, obwohl sie eigentlich recht hatte. Komisch, was ein Mann alles tat, um einen guten Eindruck zu machen.

„Wir sind ein tolles Team, Leute", sagte Amanda und stellte den letzten Teller in den Schrank.

„Was jetzt?" fragte Billy und rieb sich die Hände. „Laßt uns das Haus anstreichen."

Alison warf ihm einen kurzen Blick zu. „Ich geh' ins Bett. Dieser erbarmungslose Seelenstrip hat mich völlig fertiggemacht. Was ist mit dir, Amanda?"

„Ich bin auch kaputt", sagte sie und hängte die Schürze, die sie getragen hatte, an einen Haken. Draußen war kein einziger Laut zu hören, abgesehen von den Grillen und Motten, die gegen die Fensterscheibe flogen. „Ich zeig' Billy nur schnell sein Zimmer und komm' dann sofort zu dir."

Alison war sich nicht sicher, ob sie warten oder schon mal hochgehen sollte. Als die beiden sie wortlos ansahen, fühlte sie sich plötzlich unwohl, wie ein Eindringling. „Gut", sagte sie. „Ich denke, dann . . . gib mir doch schon mal die Bettwäsche."

„Nacht, Alison", sagte Billy. „Danke für diesen unvergeßlichen Tag."

„Klar. Nacht, Billy. Bis gleich, Amanda."

Billy sah zu, wie seine Mitbewohnerin die Treppe hochging. Dann war er mit Amanda alleine. Er wandte sich ihr zu, um sie anzusehen. Er überlegte, worin sie wohl schlafen würde. In einem Nachthemd aus Flanell? Einem Männerpyjama? In nichts anderem als einem Hauch von Babypuder? Auf ihrem T-Shirt konnte man eine winzige Spur davon sehen.

„Sie ist toll", sagte Amanda. Billy merkte, daß auch sie die Spannung zwischen ihnen spürte. Sie redete zögernd, unsicher, wie um den heißen Brei herum. „Ich habe lange nicht mehr eine so gute Freundin bei der Arbeit gehabt." Sie sah ihn erwartungsvoll an.

„Ja", stimmte er zu. „Sie ist wirklich klasse." Er konnte das hier nicht länger ertragen. Wartete sie darauf, daß er die Initiative ergriff? So war es.

„Und so voller Tatendrang", sagte sie. „Ohne ein Ellbogentyp zu sein. Es ist so schön, mit einer Frau zusammenzuarbeiten, die ich wirklich mag und – "

Die gläsernen Schiebetüren, die auf die Terrasse führten, flogen plötzlich auf, und eine Herde Wildpferde galoppierte durch das Haus und versuchte, Billy mit sich zu ziehen, ohne Erfolg. Irgendwo tief im Weltraum kollidierte eine unwiderstehliche Kraft mit einer unbeweglichen Masse, irgendwo tief im Wald stürzte ein Baum um, und irgendwo in Mudville schlug der mächtige Casey zu, aber all das erschien Billy nicht so unausweichlich oder unabwendbar wie die Tatsache, daß er Amanda jetzt küssen mußte. So tat er es denn auch. Und sie erwiderte seinen Kuß. Zu Anfang war es nur eine Art Aufwärmen, ein forschender Kuß, der um Erlaubnis bat und sie erhielt. Der zweite Kuß war schon was anderes, als Billy seine Arme um Amanda legte, sie ihn fester an sich zog und er feststellte, daß er noch nie in seinem Leben einen Kuß so genossen hatte und kein Kuß für ihn bisher so wichtig gewesen war. Als sie sich voneinander lösten, wußte er, daß sich sein Leben gerade verändert hatte, und nach ihrem Gesichtsausdruck zu urteilen, ging es ihr genauso.

Amanda trat als erste einen Schritt zurück. „Gute Nacht, Billy", sagte sie mit vor Verwunderung glänzenden Augen. Sie ging zur Treppe.

„Wolltest du mir nicht zeigen, wo ich schlafe?" fragte er.

„Ich glaub', das sollte ich nicht tun", sagte Amanda. „Ich meine . . . ich sollte lieber . . . puh . . . gehen."

„Okay."

„In der Abstellkammer ist ein Schlafsack."

„Okay."

„Bis morgen früh."

„Okay."

„Okay."

„Okay, dann. Amanda?"

„Ja?"

„Gute Nacht."

Er beobachtete sie, wie sie die Treppe hochging. Dann merkte er, daß er dringend Luft brauchte. Frische Luft. Er trat auf die Terrasse. Auf dem Rasen sah er tausend Elvis-Imitatoren, die mehrstimmig „All Shook Up" sangen. Im See tummelten sich Wale im Mondschein, so weit das Auge reichte, während am Himmel die Sterne vor Freude glühten und sein Glück bejubelten.

7

Comme ci comme ça

Die Grippetabletten in Kombination mit dem Cognac hatten ihre Wirkung getan: Sobald sie ihren Kopf auf das Kissen gelegt hatte, war Alison in tiefen Schlaf versunken und hatte kaum noch gemerkt, daß Amanda in dem riesigen Bett unter die Bettdecke gekrochen war. Als sie am nächsten Morgen aufwachte, war sie allein. Ein Blick auf den Wecker auf ihrem Nachttisch sagte ihr, daß es schon halb elf war. Sie konnte sich nicht erinnern, wann sie sich das letzte Mal den Luxus geleistet hatte, so lange zu schlafen.

Sie warf sich einen Bademantel über und putzte sich die Zähne, wobei sie überlegte, wohin Amanda wohl gegangen sein könnte. Von unten hörte sie Stimmen, denen sie nachging. Sie blieb vor der Küche stehen, in der eine außergewöhnliche Szene zu beobachten war. Billy und Amanda machten zusammen Frühstück, Amanda im Bademantel und Billy in Shorts und T-Shirt. Er redete in dem fürchterlichsten pseudo-französischen Akzent, den sie jemals gehört hatte.

„Das Geheimnis von parfäkte Eiär", sagte er, während er sie in einer Schüssel verquirlte, „iest, sie gründlisch ünd errlisch locker zu schlagen, *très bon, comme ci comme ça.*" Er hob die Schüssel hoch über seinen Kopf und goß die Eier in eine gußeiserne Pfanne. „Und nün, für das berühmte erzhafte Omelett Chez Campbell, isch nehme Zwiebeln, *oui*, rote Paprika, *oui*, und eine Idee von Cayennepfeffär. Nün warte isch, bis die Zwiebeln Farbe aben von *je ne sais quoi.*"

„Oooh-la-la", sagte Amanda und sah ihm über die

Schulter. „*C'est magnifique.*" Sie nahm eine Flasche Champagner aus dem Kühlschrank. „Auf Ihr Wohl, Monsieur — Champagner!"

„Oh-ho-ho", sagte Billy und lachte wie die Komiker, die franko-kanadische Holzfäller imitieren wollen. „*C'est fromage!* Das iest nischt zu glauben. Nur noch ün Minüt!"

Und das sollte der Mann sein, überlegte Alison, der Fruchtflakes aß, die Mikrowelle so oft wie nur eben möglich benutzte und eine ganze Schüssel mit seinen geliebten Flocken in die Mikrowelle stellte, wenn er mal „was Besonderes" fabrizieren wollte?

„Ah, blöder Korken — der geht aber schwer raus", schimpfte Amanda, die versuchte, die Flasche zu öffnen. Plötzlich sprang der Korken wie ein Geschoß aus der Flasche, und der Champagner spritzte Billy von oben bis unten naß. Amanda schnappte erst nach Luft und brach dann in hysterisches Lachen aus.

Billy griff sich die Flasche und jagte Amanda quer durch die Küche.

„*Oh, non, non, non, ma chérie*", sagte er und sprach dann normal weiter: „So leicht kommst du mir nicht davon!"

„Nein!" kreischte Amanda. Billy packte Amanda um die Hüfte und drückte sie gegen die Arbeitsplatte, als Alison nieste. Sie schreckten hoch und blickten sie an, auf frischer Tat ertappt.

„Guten Morgen", sagte Alison.

„Guten Morgen", echoten Amanda und Billy unisono. Billy ließ Amanda los und kümmerte sich wieder um sein Omelett, das in der Pfanne brutzelte.

„Amanda hat mich gerade mit Champagner bespritzt, und ich wollte mich rächen", erklärte er.

„Ach", sagte sie, als hätte sie das nicht selbst gesehen.

„Champagner?" fragte er.

„Nein", sagte Alison. „So gut fühle ich mich noch nicht."

Billy reichte Amanda die Flasche und drehte das Omelett um. Alison fiel auf, wie sie sich ohne Worte verstanden. Bodylanguage. Sie bemerkte, wie Amanda Billy verstohlen ansah.

„Ich glaube", teilte Alison ihnen mit, „ich würde gerne früh nach Hause fahren. Ich will nicht, daß das hier noch was Ernstes wird."

Amanda starrte sie an.

„Meine Erkältung, meine ich."

„Sicher, Alison", sagte Billy. „Wann immer du willst." Für Sekunden lag ein Grinsen auf seinem Gesicht.

„Danke", erwiderte sie und putzte ihre Nase.

Als Jake erwachte, war es auf seinem Wecker 12.35 Uhr, beziehungsweise — er erinnerte sich, wo er eigentlich war — auf Jos Wecker. Für einen Sonntag war es noch ein bißchen früh, aber was zum Teufel machte das schon. Er drehte sich um und öffnete die Augen. Jo war weg, ihr Body hing am Deckenventilator. Er stützte sich auf die Ellbogen. Immer noch keine Spur von ihr.

„Jo?" rief er.

Plötzlich tönte aus dem anderen Zimmer Musik aus der Stereoanlage zu ihm herüber. Jo kam rein, nur mit einem Long-Shirt bekleidet. Ein Frühstückstablett mit Erdbeeren, Schlagsahne und Törtchen in der Hand, tanzte sie zur Musik.

„Morgen, du Schlafmütze", sie küßte ihn auf die Stirn. „Das ist alles, was ich im Kühlschrank hatte."

„Ja, super", sagte er, nahm das Tablett und stellte es auf den Stuhl neben dem Bett. Dann zog er sie an sich und küßte sie. „Hattest du eine gute Nacht?"

„Welchen Teil der Nacht meinst du?" fragte sie und küßte ihn auch. „Die Antwort ist ja."

„Soviel zu deinem Lampenfieber." Er küßte sie auf den Hals.

„Wer hätte gedacht, daß du so ein Halsfetischist bist?" seufzte sie. „Ich gebe dir ganz genau vier Stunden, damit aufzuhören."

Jake griff nach den Erdbeeren und stippte eine in die Sahne. Die eine Hälfte verfütterte er an Jo, die andere Hälfte aß er selbst. „Weißt du, daß dieses Zeug eine der wenigen Sachen ist, die mich an meinen Alten erinnern? Er hat sich immer fertige Schlagsahne auf seinen Irish Coffee getan. Irish Coffee war so etwa das einzige, was er kochen konnte. Einmal habe ich ihn von oben bis unten mit Sahne vollgespritzt, als er total besoffen war. Mensch, der konnte vielleicht saufen!" Jake lachte in sich hinein. „Mann, 'ne Zeitlang hab' ich gedacht, daß er deshalb abgekratzt ist."

Jo küßte ihn auf die Schulter. Sie steckte ihm eine Erdbeere in den Mund, als er sich umdrehte und die Decke anstarrte.

„Meine letzte Erinnerung an meinen Vater ist, wie er meinem Mann erzählt hat, wo er mich finden kann, als ich abgehauen war", erzählte Jo. „Er war auf Charles' Geld versessen."

„Er hätte mich gehaßt."

„Ganz bestimmt", sagte Jo mit vergnügter Stimme.

„Es ist merkwürdig. Ich hab' ein Kind, du warst verheiratet — zusammen sind wir schon 'ne Kleinfamilie." Er griff die Sahne, sprühte sich einen Klecks auf die Finger und rieb ihn ihr auf die Zehen.

„Ooooh", sagte sie. „Ein Zehenfetischist auch noch."

Er leckte ihr die Sahne von den Zehen ab. Sie lachte. Er merkte, wo sie kitzlig war. Das war ein sehr nützliches Wissen.

„Jake — hör auf!" kreischte sie. „Das kitzelt."

„Ich weiß — deshalb mache ich es ja auch", sagte er,

hörte aber auf. „Und ich bin nicht nur auf Hälse und Zehen versessen, sondern hab's auf deinen ganzen Körper abgesehen. Vergiß nicht, ich habe eine Allroundausbildung."

„Aber nur für Autos", korrigierte sie ihn. „Schließlich willst du mich ja nicht generalüberholen, oder?"

„Vertrau mir", sagte er. „Ich bin ein hochqualifizierter Facharbeiter."

Das Treffen zwischen Rhonda und Matt verlief ganz anders. Bei Kaffee und Kuchen erzählte Matt ihr, daß er im Shooters mit Terrence geredet habe.

„Was!" schrie sie ihn an. „Du hast Terrence getroffen?"

„Er brauchte einfach jemanden zum Quatschen. Da ist ja wohl nichts dabei."

„Aber warum sucht er sich dafür meinen besten Freund aus?"

„Eben weil ich dein bester Freund bin, weil ich dich gut kenne. Rhonda, er hat nicht ganz unrecht."

„Ich glaube, du stehst auf der falschen Seite", sagte sie und zeigte mit dem Finger auf ihn. Sie wußte, daß er sie nicht hintergehen würde, aber er hätte es ihr ja immerhin erzählen können, bevor er sich mit Terrence traf. Schließlich hatte sie auch eine Meinung in dieser Angelegenheit.

„Ich bin nicht auf seiner Seite", verteidigte sich Matt. „Wir sind doch alle erwachsen —"

„Und warum bist du dann auf einmal so an meinen Beziehungen interessiert?"

„Vielleicht, weil ich selbst keine hab', okay?" sagte er. Sie sah ihn an, als wollte sie sagen: „Das ist mir doch scheißegal!" „Aber du bist mir wichtig, und ich merke doch, wie durcheinander du bist. Warum macht es dir noch soviel aus, wenn es doch angeblich alles vorbei ist?"

„Behandel mich nicht wie deine halbwüchsigen Aus-
reißer", warnte sie.

„Du versuchst aber auch gerade davonzulaufen",
sagte er.

Sie erinnerte sich daran, wie sie als kleines Mädchen
mal von zu Hause abgehauen war, als ihre Mutter ihren
Plüschtiger weggeworfen hatte, der nur noch aus Fetzen bestanden hatte. Sie war bis zum Ende der Auffahrt
gekommen, ohne sich umstimmen zu lassen. „Okay,
vielleicht benehme ich mich nicht gerade wie ein
erwachsener Mensch", gab sie zu.

„Und vielleicht ist er dir noch wichtiger, als du erwartet hättest", konterte er.

Sie dachte darüber nach. Er hatte natürlich recht. Sie
hatte an nichts anderes gedacht, seitdem sie Terrences
Brief bekommen hatte. „Okay", sagte sie schließlich.
„Dann laß uns darüber reden. Ich koch' noch 'nen
Kaffee."

Alison hatte auf dem Nachhauseweg kein Wort mit Billy
geredet. Amanda schien zu merken, daß irgend etwas
nicht stimmte, und sagte auch nicht viel, reichte aber
einmal zu Billy hinüber und drückte seine Hand. Als sie
wieder am Melrose Place waren, ging Alison direkt zum
Briefkasten, mit Billy dicht auf den Fersen.

„Post für mich?" fragte er. Sie gab ihm eine Wurfsen-
dung von irgendeinem Kreditkarteninstitut. „Wie großzügig von dir", sagte er und ging hinter ihr her. „Alison
— seitdem wir losgefahren sind, hast du nur noch
geschmollt."

„Ich habe nicht geschmollt." Sie gab ihm noch einen
Briefumschlag. „Hier, noch 'ne Rechnung."

„Klar, und du willst nicht darüber reden, was dich
nervt", sagte er, als sie in der Wohnung waren. Er ließ
ihre Taschen mitten im Wohnzimmer fallen. „Auch
gut."

„Es ist nur so, daß man eigentlich erwarten müßte, daß es auch noch andere Frauen gibt und du dir nicht gerade die aussuchen mußt, mit der ich Tag für Tag zusammenarbeite", machte sie sich schließlich Luft.

„Das ist es also?" Er folgte ihr in die Küche. „Ich hab' sie mir nicht ausgesucht. Wir kommen einfach gut miteinander aus. Solche Sachen passieren, auch so gedankenlosen Mackern wie mir."

„Oh, bitte", sagte Alison. „Ich bin nicht blind, Billy. Ich kenne dich doch. Du flirtest einfach zu offensichtlich. Es erstaunt mich, daß du jetzt auch noch versuchst, das abzustreiten."

„Warum regst du dich eigentlich so auf?" Billy ließ nicht locker. „Was hast du damit zu tun?"

„Was ich damit zu tun habe? Weißt du nicht, wie wichtig es ist, Beruf und Privatleben zu trennen?"

Sie nahm sich einen Apfel aus der Obstschale, die auf dem Tisch stand. Er folgte ihr wieder ins Wohnzimmer.

„Ich arbeite aber gar nicht bei D&D, erinnerst du dich dunkel?" sagte er.

„Billy", sagte sie so beschwörend, als ob sie wirklich wollte, daß er sie verstand. „Amanda ist meine Vorgesetzte. Wenn es mit euch zwei Turteltauben nicht klappt, könnte sie sauer auf mich werden. So, hab' ich mich klar genug ausgedrückt?"

Er konnte ihre Sorgen nachvollziehen. „Sieh mal, ich hab' das nicht geplant, Alison. Es hat gefunkt — da war so 'ne Spannung. Ich weiß nicht genau, was es ist, aber ich hab' so was bisher noch nie erlebt. Es kann ja auch ganz anders kommen, als du befürchtest — wenn es was wird zwischen uns, kannst du auch davon profitieren."

„Entschuldige, Billy, ich will dir ja nicht zu nahe treten, aber du verliebst dich jede Woche neu."

„Ich will dir ja auch nicht zu nahe treten, aber du verliebst dich alle Jubeljahre mal." Kaum hatte er es gesagt, da tat es ihm schon leid, und Alison wußte das, ohne daß er sich hätte entschuldigen müssen. „Um ehrlich zu sein, hätte ich nie gedacht, daß das ein Problem sein könnte."

„Ist es aber", sagte sie. „Ich kriege den Eindruck, daß ich einfach kein Privatleben mehr habe. Wenn ich dir irgendwas Persönliches erzähle, wüßte ich nie, ob du es nicht sofort an sie weitertratschst." Eigentlich meinte sie das gar nicht so. „Ich will damit sagen, daß es für uns beide einfach schwierig wird, weiterhin befreundet zu sein, das ist alles."

Er setzte sich auf die Couch, die Hände auf den Knien. „Alison", sagte er ruhig, „ich glaube, du machst aus 'ner Mücke 'nen Elefanten. Willst du damit sagen — daß ich nicht mit ihr zusammensein darf?"

„Willst du 'ne ehrliche Antwort?"

„Ja, sicher."

„Mir wär's lieber, wenn du's nicht wärst."

Mit diesen Worten verschwand sie in ihrem Schlafzimmer und ließ Billy mit dem Problem allein. Alison hatte deutlich gesagt, was sie wollte. Aber die Chance, daß er Amanda nicht wiedersehen würde, war etwa so groß wie die Chance, daß die Sonne ab sofort im Westen aufgehen würde. Bevor das alles geklärt war, würde es wohl noch einigen Streß geben. Soviel war sicher.

Jake würde zu spät zur Arbeit kommen. Es war schon fast neun. Er hatte mehr als sechsunddreißig Stunden mit Jo im Bett verbracht. Und er hatte immer noch nicht genug. Klamotten anzuhaben fühlte sich einfach unnatürlich an. Das Gehen fiel ihm schwer. Jo sagte, er hätte einen Gang wie ein Cowboy. Er vermißte eine Socke. Er würde keine Zeit mehr haben, sich zu rasieren. Jo stand im Bademantel am Fenster.

„Puh. Der Alltag hat uns wieder."

„Ich glaube einfach nicht, daß es schon nach neun ist." Jake stopfte sein T-Shirt in die Hose.

„Bist du dir sicher, daß du kein Frühstück willst?" fragte sie. „Laß mich überlegen. Kann man sich von irgendwo Frühstück bringen lassen?"

„Ich hätte eh' schon vor 'ner Stunde bei der Arbeit sein müssen, danke", sagte er und küßte sie noch einmal. Sie erwiderte seinen Kuß, mit größerem Verlangen als er, so daß er sich wiederum doppelt anstrengte, worauf auch sie sich noch mehr Mühe gab — genau auf die Weise hatten sie sich die letzten eineinhalb Tage um die Ohren geschlagen. „Jo, ich muß jetzt wirklich gehen." Er löste sich von ihr. „Rusty wird mich umbringen."

Jo ging mit ihm zur Tür, ins Tageslicht blinzelnd. „Hast du alles?" fragte sie lächelnd, aber mit einem Anflug von Traurigkeit.

„Ich hatte nicht viel dabei", sagte er. „Wenn ich irgendwas vergessen habe . . ."

„Schickst du jemanden vorbei, stimmt's?"

„Nein." Er berührte ihr Gesicht und ließ seine Finger durch ihre Haare gleiten. „Dann komme ich wieder. Okay?"

„In diesem Fall wäre es vielleicht besser, wenn du irgendwas liegenläßt. Warum habe ich nur den Eindruck, daß es nicht mehr dasselbe sein wird, wenn du erst mal weg bist?"

„Du spinnst", sagte er. „Ich bin doch nur ein paar Straßen weiter."

„Muß am Schlafmangel liegen."

Jake ging rückwärts die Treppe hinunter und blickte sie immer noch an. Er könnte sie für immer und ewig ansehen, dachte er.

„Jo? Es war wunderschön."

„Ja, das war's, nicht?"

Sie ging die Stufen zu ihrer Wohnung hoch, ein

bißchen melancholisch bei dem Gedanken, daß es nie wieder wie beim ersten Mal sein würde, was immer auch in Zukunft zwischen ihnen passierte. Es würde in anderer Hinsicht etwas Besonderes sein, vielleicht sogar noch besser — sie war nicht von Natur aus pessimistisch —, aber nichts würde mehr die Spannung des ersten Mals haben, dieses Gefühl, einen Menschen zu entdecken, sich auf ihn einzulassen, ihn auf eine ganz erstaunliche und neue Art und Weise kennenzulernen. Sie würden es immer für sich bewahren, in ihrem Gedächtnis und in ihrem Herzen, aber es war eben Vergangenheit. Man konnte nichts daran ändern. Jo rief sich noch einmal die Ereignisse der letzten Stunden ins Gedächtnis.

Jake ebenso.

Wie es weitergehen sollte, davon hatten sie allerdings unterschiedliche Vorstellungen.

Alison stand auf dem Freeway im Stau und studierte die Namen, die Hersteller heutzutage ihren Autos gaben. Je billiger das Auto, desto blöder der Name, stellte Alison bei Kleinwagen wie Justies, Festivas oder Geos fest. Limousinen schienen dagegen so unglaublich wichtig zu sein, daß sie nur Codenummern wie 7500 SL oder 525i brauchten. Einige Wagen sollten offensichtlich kosmisch oder geheimnisvoll klingen und trugen Namen wie Infinity oder Quantum, bei anderen, die wie Yachten durch die Straße schwammen, nahmen sich die Bezeichnungen wie Schreibfehler aus. Sie überlegte sich, daß es vielleicht besser wäre, die Autos nach den Stimmungen ihrer Besitzer zu benennen. Sie sah eine Frau in einem Golf Fun. Einen Typen in einem Chrysler Pisser. Ein Liebespaar in einem Opel Ascona Jubilee. Einen Yuppie-Typen in einem Passat Trend, der sich selbst im Spiegel bewunderte — soviel über Autoerotik. Aber wenn Autos nach Stimmungen benannt wurden, hätte ihr '89er Ford, in dem sie zur Arbeit fuhr, Dilemma heißen müssen. Sie wußte, daß es sie nichts anging, mit wem Billy sich traf oder zusammen war, aber es störte sie doch, denn es ging schließlich auch um ihren Job.

Als sie bei D&D ankam, hatte sie sich vorgenommen, ganz förmlich zu sein. Professionell, korrekt. Bei dem Gedanken daran, Amanda zu treffen, kriegte sie ein flaues Gefühl im Magen, aber es würde wohl kein Weg daran vorbeiführen. Morgens war es nämlich ihre allererste Aufgabe, ihrer direkten Vorgesetzten Bericht zu erstatten. Sie sah Amanda an ihrem Schreibtisch sitzen und klopfte an die Wand der Kabine.

„Ich habe eine demographische Analyse der Nike-Werbespots gekriegt, die uns vermutlich sehr helfen können", sagte sie und gab Amanda einen großen Umschlag.

„Klasse." Amanda nahm Alison die Unterlagen ab. „Fühlst du dich ein bißchen besser?"

„Ja. Ich bin gestern abend früh ins Bett gegangen. Das hat's gebracht."

„Ist es nicht furchtbar, nach so einem Wochenende wieder zur Arbeit zu müssen? Ich hab' mich wirklich ziemlich wohl mit euch beiden gefühlt."

Alison wollte Amanda erzählen, wie sehr ihr das Wochenende auf der Seele lastete, aber sie hielt doch lieber ihren Mund. „Danke", murmelte sie. „So ging's mir auch."

„Alison", sagte Amanda, als Alison zu ihrem Schreibtisch zurückging. Sie blieb stehen und drehte sich um. „Hör mal . . . wir sind ein Team . . . wir können doch offen sein, nicht?"

Alison zögerte, nicht ganz sicher, ob sie hören wollte, was jetzt kommen würde. „Auf jeden Fall."

„Ich finde Billy toll. Er hat was im Kopf, ist witzig und wirklich süß." Sie suchte nach den passenden Worten. „Warum seid ihr beiden eigentlich nicht zusammen?"

Alison mußte bei dem Gedanken laut auflachen. Sie hatte natürlich schon früher darüber nachgedacht, aber es war unmöglich. Sie waren Freunde. Wenn man erst einmal eine platonische Beziehung zueinander hatte, kam man da nicht mehr raus. Dann kam ihr in den Sinn, daß Amanda vielleicht nicht sicher war, ob sie sich auf eine Beziehung mit Billy einlassen sollte. Vielleicht sollte sie rechtzeitig die passenden Worte sagen, bevor alles noch komplizierter wurde ...

„Billy und ich?" sagte sie. „Tut mir leid ... ich meine, er ist ein toller Freund ... bezahlt pünktlich seine Miete ... aber, mein Gott, die Vorstellung, mit ihm zusammen zu sein ..." Sie schüttelte den Kopf, als ob sie den Gedanken absurd fände.

„Gibt's da sonst irgendwen?" fragte Amanda.

„Ja. Ich meine, er verliebt sich immer Hals über Kopf in irgendwen, was dann etwa eine Woche dauert, bevor ..." Sie machte eine wegwerfende Handbewegung über die Schulter.

„Er versucht, sie loszuwerden?" wollte Amanda wissen.

„Meistens ist es eigentlich genau andersrum", behauptete Alison, die sich ein bißchen gemein vorkam, Billy so schlechtzumachen. Obwohl sie ja einen guten Grund hatte.

„Wirklich", sagte Amanda völlig überrascht. „Wo er so hinreißend ist."

Alison seufzte. „Amanda, erzähl mir bitte nicht, daß ‚hinreißend' dein einziges Kriterium ist. Dafür kannst du dir wirklich nichts kaufen."

„Du hast recht", gab Amanda lächelnd zu. „Aber es ist doch schon mal ein Anfang." Sie lachte, und Alison gab sich alle Mühe mitzulachen.

„So", sagte sie und versuchte, wieder auf die Arbeit zurückzukommen. „Sieht so aus, als müßten wir heute bis spät in die Nacht arbeiten."

„Ich habe eine Idee", sagte Amanda. „Warum machen wir nicht ein Arbeitsessen bei dir in der Wohnung?"

Alison fühlte sich unwohl. Diese Frau konnte man einfach nicht entmutigen. „Schaffen wir hier nicht mehr?"

„Noch acht Stunden in diesem Loch, und man kann uns in eine Gummizelle einliefern", sagte Amanda. „Ich finde, daß Luftveränderung genau das ist, was der Arzt verordnet hat. Und da du dich besser fühlst . . ."

Alison suchte nach einem Ausweg. „Okay. Klar. Wir können uns Essen kommen lassen."

„Super."

Alison ging mit einem Anflug von Übelkeit in ihre Kabine zurück.

Am Abend ging es ihr schon wieder besser, vielleicht weil Billy nicht da war und auch keine Nachricht hinterlassen hatte, wo er hinwollte. Sie bestellten Pizza mit Salami und Champignons und stellten fest, daß sie beide Anchovis haßten. Billys Ski lehnten hinter der Tür an der Wand und erinnerten Alison daran, wie das Wochenende eigentlich geplant gewesen war. Auf dem Küchentisch stapelten sich Papiere, Zeitungsausschnitte, Videofilme und Storyboards.

„Ich habe einen Artikel über unterschwellig wirkende Bilder für dich ausgeschnitten", sagte Alison, während sie das Chaos durchwühlte. „Ich hatte ihn hier irgendwo . . . dachte ich . . . Vielleicht in meinem Zimmer."

„Toll", sagte Amanda. „Ich versuche, attraktive und erfolgreiche Leute mit Perspektive darzustellen." Sie hielt zwei Storyboards hoch. „Irgendwie . . . Mist, ich kann mich nicht mehr erinnern, welches zuerst kam. Ich glaub', dieses hier."

„Attraktive erfolgreiche Leute mit Pizzaresten auf dem Gesicht."

„Das ist bloß ein erster Entwurf." Amanda kicherte.

Alison war gerade auf dem Weg in ihr Zimmer, als sie hörte, wie die Wohnungstür aufgeschlossen wurde. Sie drehte sich um und sah Billy, dessen Blick sofort auf Amanda fiel. Er strahlte wie ein Honigkuchenpferdchen.

„Hi." Amanda klang plötzlich schüchtern und zart und wenigstens fünfzehn bis zwanzig Jahre jünger als noch vor einer Sekunde.

Billy war sprachlos. „Hi", kriegte er gerade noch hinaus.

„Ich dachte, du würdest heute abend arbeiten?" fragte Alison.

„Nö . . . bin den ganzen Tag gefahren", erwiderte Billy. Er rieb sich die Hände. „Das ist aber 'ne Überraschung. Was macht ihr denn hier?"

„Arbeiten, Billy", sagte Alison. „Du weißt schon, über Lucy reden, Bürokram, was du so unerträglich findest. Wir sind nicht beleidigt, wenn du gehst." Sie hoffte, daß er den Wink verstehen würde.

„Ich helfe euch." Er schloß die Tür und setzte sich zu Amanda auf die Couch.

„Um genau zu sein", erklärte Amanda, „arbeiten wir an unserem ersten Werbespot." Sie hob ein Storyboard hoch, damit er die Aufschrift lesen konnte. Er kratzte sich gedankenverloren am Kinn.

„Mal sehen", sagte er aus dem Stegreif. „Maximum Adavantage. Maximieren. Maximum . . . wie wär's mit ‚Maximum macht den Unterschied'?"

„Nicht schlecht", sagte Amanda. „Wir könnten erotische Vorher-Nachher-Geschichten zeigen."

„Ihr dürft natürlich mein Beratungshonorar nicht vergessen", fügte Billy hinzu.

Amanda wandte sich an Alison. „Kannst du mir mal den Artikel zeigen, von dem du eben gesprochen hast?"

Alison sah Billy an, unsicher, ob sie die beiden wirklich allein lassen konnte. „Sicher", sagte sie und verschwand in ihrem Zimmer.

Als sie allein waren, rutschte Billy näher zu Amanda herüber. Er roch gerne ihr Parfüm. Er hätte sie gerne wieder geküßt. „Mensch, ist das toll, dich zu sehen." Er fühlte sich schüchtern und aufgeregt zugleich. „Ich wollte dich heute schon anrufen, um zu hören, wie's dir geht."

„Das hättest du machen sollen", stellte Amanda fest.

„Wirklich?"

„Unbedingt."

„Hör mal zu", sagte er leiser und schielte zu Alisons Zimmertür hinüber. „Wir müssen miteinander reden. Treffen wir uns nachher noch? Wenn ihr fertig seid, natürlich."

„Sollen wir so gegen halb zehn sagen?" schlug Amanda vor. „Wir wär's in der Kneipe, wo ihr immer hingeht? Im Shooters?"

„Nein, nicht im Shooters", sagte Billy. „Was hältst du vom Café Ami? Und ich wär' dafür, daß wir's erst mal für uns behalten." Er hatte gerade ausgeredet, als Alison mit einem mißtrauischen Gesichtsausdruck zurückkam. Er stand auf, rekelte sich und gähnte. Alison gab Amanda den Artikel.

„Ich hau' ab", verkündete Billy. „Ich hab' zwar versprochen zu helfen . . . puh . . . ein andermal. Es war auf jeden Fall schön, dich zu sehen, Amanda."

„Gleichfalls, Billy."

„Ciao, Alison."

„Bis dann", sagte Alison, die verwirrt überlegte, was hier vor sich ging. Sie hatte die Tür offengelassen und versucht zu lauschen, aber kein Wort mitgekriegt. Irgend etwas ließ sie stutzig werden, daß Billy sich so schnell verabschiedete. Vielleicht war es auch sein Gang — als ob er schwebte.

Im Café Ami mußte Billy fast bis elf warten. Er hatte sich draußen an einen Tisch gesetzt und beobachtete den Verkehr auf dem Sunset Boulevard. Er erinnerte sich an die Zeit, als Autos noch nicht so alberne Namen hatten, sondern schlicht Rekord hießen — da konnte man sich zumindest noch was drunter vorstellen. Na ja, vielleicht dann doch lieber Jaguar oder Spitfire . . . Wenn Amanda nicht kommen würde, würde er sich vor eines der Autos werfen, aber nicht vor eine Ente oder einen Manta — das wäre einfach zu peinlich. Er trank den letzten Schluck seines Milchkaffees, sah auf die Rechnung und suchte nach Geld, als jemand in sein Ohr flüsterte.

„Entschuldige, daß ich so spät komme", sagte sie und ließ ihren süßen Körper ihm gegenüber in den Stuhl sinken. „Hast du dir schon Sorgen gemacht?"

Billy hätte eigentlich sauer sein müssen, aber er konnte nur lächeln. „Es ist gleich elf. Ich hatte nicht mehr damit gerechnet, daß du noch kommst."

„Deine Mitbewohnerin ist ein Workaholic", sagte Amanda. „Ich dachte schon, sie würde gar nicht mehr aufhören."

„Entweder das", sagte Billy und verdrehte die Augen, „oder sie hat geahnt, daß wir uns noch treffen wollen." Alison war so — sie hatte einen guten Riecher. Vielleicht hatte er sich aber auch nur nicht gut genug verstellt.

„Warum habe ich bloß immer den Eindruck, daß ihr zwei miteinander verheiratet seid und es nur nicht zugeben wollt?" fragte Amanda.

„Glaub mir, wir sind nicht verheiratet."

„Gut", sagte Amanda, „denn wenn das mit uns beiden was werden soll, solltest du das klarkriegen." Billys Herz raste. Wenn es was mit ihnen werden sollte . . . hatte sie schon beschlossen, daß sie wollte? Als der Kellner kam, bestellte Amanda einen Cappuccino.

„Du kannst dir nicht vorstellen, wie oft ich hier abends schon alleine gesessen und nur in meinem Notizbuch gekritzelt habe. Ich habe die Welt an mir vorüberziehen lassen und davon geträumt, einer Frau wie dir gegenüberzusitzen", gestand er ihr. Er wußte selbst nicht genau, wie oft es gewesen war, aber er könnte in seinem Notizbuch nachsehen: Er hatte Tagebuch geführt. Er könnte ihr all seine Geschichten über einsame Typen zeigen, die darauf warteten, daß eine schöne Frau in ihr Leben trat. Und auch, wie er sich das Ende dieser Geschichten vorgestellt hatte.

„Du bist romantisch, nicht?" fragte sie.

„Nur dreist. Ist das schlimm?"

Sie schüttelte den Kopf. „Nö, ist genau das, was mir fehlt."

Sie machte schon wieder diesen Trick mit ihren Augen, sah tief in sein Innerstes hinein und erriet all seine Geheimnisse. Es fühlte sich gut an. Er nahm ihre Hand. Sie erwiderte seinen Händedruck. Er hätte gerne ihre Hand geküßt, wie ein Ritter oder ein Schauspieler.

„Ein Glück, daß du und Alison in dem Ferienhaus in einem Zimmer geschlafen habt", raunte er. „Denn wenn du alleine gewesen wärst, wäre vermutlich ein wildes Tier unter deine Bettdecke gekrochen."

„Ach, wirklich", sagte sie.

„Ja, wirklich."

Sie streichelte seine Hand. „Billy, warum müssen wir daraus ein Geheimnis machen? Ich meine, was haben wir zu verbergen? Vor wem?"

Er seufzte. „Alison möchte Beruf und Privatleben gerne voneinander trennen. Und ich bin hin und her gerissen. Vielleicht hat sie ja recht. Ich will nicht, daß sie sauer ist, aber andererseits will ich dich auch sehen. Oder anders ausgedrückt: Ich kann es nicht ertragen, dich nicht zu sehen. Rein physikalisch wäre das unmöglich. Deshalb hab' ich gedacht, daß es die beste Lösung ist, wenn wir uns heimlich treffen."

Einen Moment lang starrte sie nachdenklich auf den Verkehr. „Für mich aber nicht, Billy", sagte sie. „Schau mal, Alison ist meine Kollegin . . . und meine Freundin. Wir sind doch alle erwachsen. Und ich will ihr nichts verheimlichen. Ich will niemandem etwas verheimlichen."

Um ihren Standpunkt zu bekräftigen, beugte sie sich über den Tisch und küßte ihn. Steckte ihre Zunge sofort in seinen Mund. Mit dem ganzen Verlangen, das sich das Wochenende über angestaut hatte, erwiderte Billy ihren Kuß und kam zu dem Schluß, daß sie beim Küssen ein tolles Team waren. Rekordverdächtig. Sie hätten damit ins Guinness-Buch kommen können. Die Herausgeber des Brockhaus würden ihre Definition von Leidenschaft zerreißen und die Fetzen aus dem Fenster schmeißen müssen. Tyrannische Imame im Iran feststellen, daß ihre puritanischen Moralvorstellungen auf mysteriöse Art und Weise erschüttert wurden. Der Kuß sandte mit Lichtgeschwindigkeit Signale durch den Weltraum in abgelegene Galaxien, wo außerirdische Wissenschaftler noch nie dagewesene Anzeigen auf ihren Instrumenten feststellten. Für Billy existierten allerdings weder das Universum noch Los Angeles und schon gar nicht das Restaurant, er genoß nur noch den Kuß und das überwältigende Gefühl, daß er vielleicht zum ersten Mal in seinem Leben genau das Richtige tat: zur richtigen Zeit, am richtigen Ort und mit der richtigen Person. Das hier war real und wichtig, keine der anderen Frauen, die er geküßt hatte, denn die anderen waren nicht Amanda gewesen. Ihre Seelen waren verwandt, sie war seine wahre Liebe und sein Schicksal.

Sie schreckten auf, als eine Horde Kellner sie mit Brecheisen zu trennen versuchte.

„Wollt ihr noch was?" fragte einer von ihnen anzüglich.

Ohne die Augen von Amanda abzuwenden, sagte Billy: „Das will ich doch hoffen."

8

Eine zweite Chance

Jake holte sich gerade seine Zeitung, als er in der Eingangshalle Schritte hörte. Er drehte sich um und erblickte Michael Mancini und seine Frau Jane, die eben vom Joggen kamen. Normalerweise konnte man daran, ob sie gemeinsam heimkehrten, feststellen, wie sie gerade miteinander auskamen. Wenn sie sich am Abend vorher gestritten hatten, kam sie eher wieder zurück, nicht weil sie schneller als Michael war, sondern weil er dann eine längere Strecke lief, um Dampf abzulassen. An diesem Morgen kamen sie zusammen zurück, lachten, rieben sich gegenseitig die Schultern und schnappten gemeinsam nach Luft. Michael küßte Jane auf die Stirn und gab ihr dann einen Klaps auf den Hintern. Wenn Jake sie manchmal so sah, kriegte er den Eindruck, daß Heiraten die tollste Sache der Welt war. An anderen Tagen aber konnte man meinen, daß es die allergrößte Scheiße war. So oder so faszinierte es ihn.

Michael kam mit einem breiten Grinsen auf ihn zu. „Hey, Kumpel", sagte er. „Ich hab' dich am Wochenende gesucht, weil ich dachte, wir könnten ein paar Körbe werfen."

Jake schielte kurz zu Jos Wohnung hoch, obwohl er wußte, daß Jane ihn beobachtete. Ihr entging nichts, was im Haus los war.

„Ja", gab er zu. „Ich bin da irgendwie ein bißchen versackt. Hallo, Jane."

„Hi, Jake", sagte sie anzüglich. „War es ein angenehmes Versacken? Du weißt schon, was ich meine, ein besonderes Wochenende?"

Er versuchte, sich ein Grinsen zu verkneifen. Aber es war nichts zu machen. „Nicht schlecht. Gar nicht schlecht."

„Das wundert mich nicht." Jane lächelte.

„Es gab nur ein Problem — irgendwann war's zu Ende", sagte er und ging die Treppe zu Jos Wohnung hoch. „Bis bald."

Es dauerte eine ganze Weile, bis Jo auf sein Klopfen hin die Tür öffnete. Sie trug einen Frottee-Bademantel und sah verschlafen aus. Sie fuhr sich mit den Fingern durch die Haare und blinzelte ihn an, durch das Sonnenlicht geblendet. Jake war etwas verlegen.

„Hi."

„Hi", sagte sie. „Ich bin gerade erst aufgestanden."

„Ich auch. Gut geschlafen?"

„Wie ein Stein. Ich wollte dich eigentlich gestern abend noch anrufen, aber ich bin vor Müdigkeit umgefallen. Ich habe sogar Abzüge im Entwickler gelassen."

Er trat einen Schritt näher. Er kannte dieses peinliche Gefühl, das er manchmal hatte, wenn er mit einer Frau geschlafen hatte und später herausfand, daß es falsch oder aussichtslos war. Peinlich, weil es ausgesprochen werden mußte. In diesem Fall war es anders. Er wollte jetzt nichts vermasseln.

„Ich bin gestern abend nach Hause gekommen, habe mich hingelegt und dann überlegt, ob ich noch zu dir kommen soll", sagte er. „Aber ich wollte dich nicht überfallen. Danach weiß ich nur noch, daß ich heute morgen von dir geträumt habe." Es entsprach der Wahrheit. Sie waren zusammen in einer Fußgängerzone und wurden von einem gelben Hund verfolgt, der Unmengen von schmutzigem Geschirr in der Schnauze hatte. Er war sich nicht ganz sicher, was das bedeuten sollte.

„Wir können beide 'nen Kaffee vertragen", sagte sie.

Er war sich nicht sicher, ob sie ihn jetzt einlud oder

nicht. Frauen konnten manchmal so launisch sein. „Jake, du weißt, daß du reinkommen kannst."

„Ich weiß. Man sollte eigentlich meinen, daß ich mich nach dem Wochenende hier mehr oder weniger zu Hause fühle."

„Wie war's gestern bei der Arbeit, Liebling?" fragte Jo und versuchte, wie eine typische Hausfrau zu klingen.

Jake wartete, bis sie die Kaffeebohnen fertig gemahlen hatte. „Enttäuschend", sagte er. „Wirklich einsam."

„Ich habe dich ja davor gewarnt, daß es zu schön sein würde."

„Beinahe hätte ich von der Arbeit aus angerufen, aber . . .", fing Jake an. Aber was? Wollte er nicht wie ein nervöser Teenager wirken? Wollte er nicht riskieren, enttäuscht zu werden?

„Ich hätte dich auch beinahe bei der Arbeit angerufen", gestand sie. „Genau das gleiche."

„Immerhin geht es uns ziemlich ähnlich", sagte er.

Sie ging zu ihm, legte die Arme um seine Hüfte und lehnte ihren Kopf an seine Brust. Ihre Haare rochen nach Kaffee. „Komisch", dachte sie laut. „Wir wohnen im gleichen Haus, aber nicht zusammen. Wir sind zusammen oder haben zumindest das Wochenende gemeinsam verbracht, aber sind trotzdem unheimlich vorsichtig."

„Was willst du denn?" fragte er. Er wußte nicht, wie er es sonst ausdrücken sollte.

„Ich will dich — wenn es das ist, was du meinst", sagte sie und sah zu ihm hoch. „Wenn du's mehr grundsätzlich meinst, weiß ich nicht, was ich will: Weltfrieden. Bequeme Schuhe, die nicht sofort kaputtgehen. Keine Werbepausen in Spielfilmen. Was weiß ich?"

„So geht's mir auch", sagte Jake. „Verdammt, Jo. Vielleicht ist es ja zu schön, aber es ist erst mal schön, und das ist das Tolle. Können wir den Rest nicht später klären?"

„Wir können es versuchen."

Jake sah, daß sie Tränen in den Augen hatte. Er küßte sie zärtlich. Er hatte es schon mal mit drei Motorradfahrern in Tijuana zu tun gehabt, die ihm sein Geld abnehmen wollten. Er war beim Bungee-Jumping gewesen. Beim Zelten in der Wüste hatte er eine Klapperschlange mit einem Stein getötet. Warum hatte er jetzt bloß vor dieser Nähe Angst?

„Erzähl mir, was du geträumt hast", forderte Jo ihn auf.

„Wir waren in einer Fußgängerzone und wurden von einem Hund mit schmutzigem Geschirr verfolgt." Er schmunzelte. „Aber mir hat vor allem der Teil gefallen, als wir uns in der Bettenabteilung eines Möbelgeschäfts versteckt haben."

„Wo?"

„Ich zeig's dir", sagte er, nahm sie bei der Hand und führte sie ins Schlafzimmer.

„Jake", protestierte sie halbherzig. „Nicht vor dem Frühstück . . ."

„Ach, bitte", sagte er. „Der Mensch lebt nicht vom Brot allein . . ."

„Du hast mich überzeugt", stimmte sie zu. „Frühsport soll ja auch ganz gesund sein."

Alison und Amanda verbrachten die Mittagspause an Amandas Schreibtisch. Alison wartete, bis Amanda den Kostenvoranschlag durchgesehen hatte, an dem Alison die ganze Nacht gesessen hatte.

„Alison", sagte Amanda. „Die Kalkulation sieht super aus. Wann hast du das nur alles gemacht?"

„Heute nacht, nachdem du weg warst." Alison gab sich Mühe, nicht zu enthusiastisch zu klingen. „Ich will ja schließlich, daß unser Team erfolgreich ist." Sie öffnete ihre Tupperdose, die voll mit Salat war. „O Mist. Schon wieder Salat. Ich habe jetzt sechs Tage nacheinander Salat gehabt."

„Wer macht dir denn dein Essen?" fragte Amanda konsterniert.

„Ich selbst", seufzte Alison. „Ich versuche, mir vorzumachen, daß ich nicht wüßte, was es ist, so daß ich mich vielleicht mal selbst überraschen kann. Es funktioniert aber leider nicht."

„Aha." Amanda war sichtlich nervös. „Ähm, hör mal zu, ich glaube, wir müssen noch was klären."

Alison hatte gehofft, daß ihr das erspart bleiben würde. „Sicher", sagte sie widerwillig. „Fang an."

„Na gut", sagte Amanda und suchte nach den passenden Worten. „Es ist so . . ." Alison wartete. „Ich mag Billy wirklich gerne. Und ihm scheint's genauso zu gehen. Wir passen einfach gut zueinander." Sie sah Alison an, die ein Gesicht wie zehn Tage Regenwetter machte. „Ich möchte, daß du weißt, daß wir zusammen sind."

Alison stocherte in ihrem Salat. „Ich verstehe." Sie mochte es überhaupt nicht, wenn sie sich hintergangen fühlte. Vielleicht nicht gerade hintergangen, aber ihre Laune war gerade auf den Nullpunkt gesunken. „Wann hat das angefangen?"

„Na ja, wir haben uns gestern abend noch getroffen."

„Gestern abend? Wann denn?"

„Nachdem wir mit der Arbeit fertig waren."

„Ihr zwei habt euch zusammen fortgeschlichen?" fragte Alison und gab sich Mühe, cool zu wirken. „Warum so geheimnisvoll?"

„Ich habe Billy ja gesagt, daß er ein bißchen reichlich dramatisch ist. Ich wußte, daß es dich nicht stören würde."

„Natürlich nicht", log Alison. „Ich meine, wieso auch? Schließlich bin ich ja nicht eure Mutter."

„Nein", sagte Amanda. „Aber Billy hält viel von dir. Er will Rücksicht auf dich nehmen, weil du Angst hast, daß du deine Arbeit und dein Privatleben nicht mehr trennen kannst."

Rücksicht schön und gut, dachte Alison, aber es scheint sie ja nicht groß zu kümmern. „Ach, wirklich?" sagte sie. „Wie nett."

„Ich mag dich wirklich gerne", versicherte Amanda. „Ich will nichts tun, was unser gutes Verhältnis gefährden könnte. Und das wird auch nicht der Fall sein, das verspreche ich dir."

„Warum sollte es auch?" sagte Alison. Sie wußte, daß sie jetzt etwas Ermunterndes sagen müßte, um wirklich überzeugend zu klingen, ihr gratulieren sollte, aber sie brachte es nicht über die Lippen. „Ich freu' mich, wenn es euch gutgeht."

„Ich bin froh, daß wir das geklärt haben", sagte Amanda und umarmte Alison.

Alison zwang sich ein Lächeln ab.

Von dem Parkplatz aus, an dem sie an dem Abend ihren '89er Ford abstellte, sah sie, daß in Billys Zimmer das Licht brannte. Als sie in die Wohnung kam, saß Billy am Computer. Er hörte auf zu tippen und steckte den Kopf aus der Tür heraus. Nach seinem Gesichtsausdruck zu urteilen, hatte er einen produktiven Tag am Rechner verbracht.

„Hi", sagte er gutgelaunt. Seine Augen glänzten. „Wie war's bei der Arbeit?"

Sie ignorierte ihn und ging in die Küche, weil nur noch ein Löffel Vanilleeis sie retten konnte. Oder zwei. Oder vielleicht auch drei. Billy besaß die Dreistigkeit, ihr zu folgen.

„Was ist denn?" fragte er. „Was ist los mit dir?"

Sie knallte die Tür zum Kühlschrank zu und fuchtelte mit der Eiscremepackung vor seinem Gesicht herum.

„Es ist so erniedrigend!" schrie sie. „Ich gehe nur eine Sekunde aus dem Zimmer, und du hast nichts Besseres zu tun, als dich hinter meinem Rücken zu verabreden." Die Packung war fast leer.

„Nur weil du uns beide zuerst gekannt hast, bevor wir uns trafen, heißt das noch lange nicht, daß wir dich um Erlaubnis bitten müssen, bevor wir ausgehen", fuhr Billy auf. „Menschen treffen sich nun mal. So was . . ."

„Und damit nicht genug. Du erzählst Amanda alles, was ich dir anvertraut hatte. Du hast mein Vertrauen mißbraucht."

Er stand in der Tür, die Hände in die Hüfte gestützt. „Ja, gut, das tut mir leid", sagte er. „Es ging mir eben im Kopf rum."

„Ich wollte nicht, daß sie erfährt, wie ich mich dabei fühle, erinnerst du dich? Muß ich's erst überall groß anschlagen, bevor du das kapierst? Das sind meine privaten Gedanken. Ich habe sie jemandem anvertraut, den ich blöderweise für meinen besten Freund gehalten habe."

Sie kratzte den letzten Rest Eiscreme vom Boden der Packung und warf die leere Schachtel in den Mülleimer.

„Alison, du übertreibst."

„Was passiert denn als nächstes? Muß ich dir dankbar sein, wenn du für mich bei Amanda ein gutes Wort einlegst? ‚Billy, wirst du Amanda fragen, ob ich für die neue Kampagne einen Tag länger Zeit kriege?' ‚Billy, wirst du Amanda darum bitten, daß jemand eingestellt wird, der mir hilft, weil —'"

„Es geht hier nicht um die Arbeit", unterbrach er sie. „Es geht um Liebe. Vielleicht bist du einfach nur eifersüchtig. Vielleicht gönnst du anderen Leuten nicht das, was du bei Keith nicht gekriegt hast. Hast du dir das schon mal überlegt?"

146

„Du warst doch der, der letztens zugegeben hat, daß er mich und Keith auseinanderbringen wollte", erinnerte sie ihn.

„Ich wollte dich beschützen."

„Mensch, wie unheimlich nett von dir", sagte sie und versuchte, soviel Sarkasmus wie möglich in ihre Stimme zu legen. „Ich bin dir so dankbar, daß du dich um mich kümmerst, Billy. Das war wirklich ganz toll. Hast du General Custer am Little Big Horn auch geholfen? Oder nein — ‚Schön, daß Sie da sind, Präsident Lincoln, ich hoffe, daß Ihnen das Stück gefällt . . .' Bei so 'ner Hilfe kann man sich über 'ne Pechsträhne nur freuen, wie mein Großvater zu sagen pflegte."

Sie rannte in ihr Zimmer und knallte die Tür hinter sich zu. Sie hörte, wie Billy vor der Tür stand und „Alison" sagte, antwortete aber nicht. Er fluchte vor sich hin, aber sie kümmerte sich nicht darum.

Rhonda hatte eine Suppe zum Abendessen gekocht, aber dann klingelte das Telefon — ein Anruf von ihrer Freundin Keisha aus Washington, mit der sie so lange redete, daß sie sich erst wieder an die Suppe erinnerte, als die schon verkocht und zu Asche zerfallen war. Sie ließ die Pfanne einweichen und ging zum Shooters, um sich einen Hamburger zu holen. Es waren kaum Leute da, aber das war ihr auch ganz recht, weil sie allein essen und Zeit zum Nachdenken haben wollte. Die schwierigsten Entscheidungen mußte man ohnehin allein treffen. Als sie bei der Kneipe ankam, schaute sie durchs Fenster und sah Terrence, der allein in einer Nische beim Essen saß. Sie hatte tausend Gründe und jedes Recht der Welt, wieder abzuhauen, aber statt dessen ging sie zu ihm hin und ließ sich leise auf der Bank ihm gegenüber nieder. Als er aufblickte, huschte ein Lächeln über sein Gesicht, aber dann schien er nervös zu werden. Rhonda ging's nicht viel anders. Sie hatte mit ihm sprechen wollen, aber jetzt wußte sie nicht, was sie sagen sollte. Wieso wirkten andere Leute immer so souverän?

Terrence sah ihr lange in die Augen, bevor er sprach. „So treffen wir uns schließlich wieder."

„Du hast vielleicht Nerven", sagte Rhonda, ohne anklagend oder beleidigt zu klingen.

„Nein, stimmt gar nicht", erwiderte er. „Im Moment eigentlich überhaupt nicht."

„Ich meine, daß du Matt angerufen hast." Sie hatte diesen Mann nie verletzen wollen. Er war viel zu nett, als daß er das verdient hätte. Er war immer nur gut zu ihr gewesen. „Es war schwer genug, mich von dir zu trennen."

„Na ja", sagte er und atmete tief durch. „Es hat aber eher so gewirkt, als hätte es dir nicht viel ausgemacht."

„Terrence", sagte sie. „Du bist mir wichtig. Wirklich. Immer noch. Für so eine schwerwiegende Entscheidung wie Heiraten brauche ich nur etwas länger Zeit als nur ein paar Wochen. Man kann nicht . . ." Kann nicht was? Kann sich nicht sicher sein . . .? Nicht so, wie man sicher weiß, ob ein Auto blau ist oder es drei Uhr ist oder das Telefon klingelt. Vielleicht gab es noch eine andere Ebene, wenn es um Gewißheit ging. Genauso, wie man wissen konnte, ob man ein Bild oder ein Lied mochte, ohne beweisen zu können, warum. „Ich hab' einfach mehr Zeit gebraucht."

„Warum hast du das nicht gesagt?"

„Ich fühlte mich so geschmeichelt. Und es war immer schon schwer, nein zu sagen."

„Vor allem, wenn es sich um einen störrischen Esel handelt, der ganz genau weiß, was er will, und alles dran legt, es auch zu kriegen", sagte er und legte seine Gabel weg. Er faßte nach ihrer Hand, hielt dann aber inne, unsicher darüber, was erlaubt oder angemessen war. Sie befürchtete, er würde anfangen zu weinen.

„Ich kann doch nichts dafür. Ich will Tag und Nacht, mein ganzes Leben, mit dir zusammen sein, Baby. Nur mit dir."

Sie nahm seine Hand und streichelte sie sanft. Niemand hatte sie jemals zuvor so geliebt wie Terrence, und vermutlich würde es auch nie wieder jemand tun. Vielleicht meinte sie nur, daß sie das nicht verdient hatte? Aber warum eigentlich nicht? Wer sagte das?

„Die Wahrheit ist", sie schluckte, „daß ich mir manchmal Michael und Jane angucke und wie sie sein will, alles geregelt. Dann wieder überlege ich mir, daß dafür später noch genug Zeit ist. Ich weiß nicht, was ich in der Zwischenzeit tun will, denn wenn es das ist, was ich eigentlich will — klare Verhältnisse —, was hat dann der Rest für 'ne Bedeutung? Vielleicht ist dafür diese Zeit gut — dieser Zwischenraum."

Terrence nickte, um ihr zu zeigen, daß er sie verstanden hatte. Hatte er wirklich? Wie konnte er, wenn sie sich selbst nicht mal sicher war?

„Das Tempo ist mir egal", sagte er. „180 oder Rückwärtsgang — du kannst es bestimmen."

„Laß uns erst mal die Bremse ziehen", sagte sie.

„Zusammen?"

„Zusammen", stimmte sie zu.

Sie beugte sich über den Tisch und küßte ihn. Als sie sich zurücksetzte, sah sie, daß sein Gesicht nun tatsächlich feucht von Tränen war, so daß auch ihr Tränen in die Augen stiegen. Tausend Dinge gingen ihr im Kopf herum, aber im tiefsten Innern war sie glücklich. Sie hätte beinahe etwas unglaublich Wertvolles weggeworfen, aber nun hatte sie eine zweite Chance bekommen, als ob Gott oder das Schicksal oder wer auch immer beschlossen hätten, daß es ein Fehlstart war und sie noch einmal anfangen dürfte. Man bekam nicht oft eine zweite Chance.

Auch Alison dachte gerade über zweite Chancen nach. Vielleicht lag es am Johnny-Mathis-Song im Radio oder am halbleeren Glas Wein vor ihr oder auch daran, daß die Arbeit, auf die sie sich zu konzentrieren versuchte, sie im Moment zu Tode langweilte, aber sie fühlte sich so einsam wie lange nicht mehr. Das war das Gute an Billy gewesen — wenn sie jemanden zum Reden brauchte, war er immer für sie da gewesen. Wie damals, als sie versucht hatte, über Keith hinwegzukommen. Billy erzählte auch manchmal dummes Zeug, aber immerhin war er für sie da. Sie brauchte jetzt jemanden. Schließlich nahm sie den Hörer ab und wählte eine Nummer, die sie immer noch nicht vergessen konnte. Es klingelte zweimal, dann meldete sich ein Anrufbeantworter.

„Hallo", sagte das Gerät. „Hier spricht Keith. Ich bin im Moment nicht zu Hause, aber ihr könnt mir nach dem Pfeifton eine Nachricht hinterlassen. Ich rufe dann sobald wie möglich zurück."

Typisch Keith, auch auf Band schlicht und ohne Pep. Ernsthaft. Klar. Was wollte sie ihm eigentlich sagen? Er sollte nicht wissen, daß sie einsam war. Er sollte nicht wissen, daß sie es war, die am anderen Ende nach den passenden Worten suchte. So legte sie auf, ohne irgend etwas zu sagen.

Billy dachte auch über zweite Chancen nach. Eine neue Chance mit Amanda. Er hoffte, daß es noch viele dieser Gelegenheiten geben würde. Das Erstaunliche daran war, daß es ihm immer wie beim ersten Mal vorkam, überraschend und neu. Ein unerforschter Kontinent, und er und Amanda waren Lewis und Clark. Er war zum ersten Mal bei ihr zu Hause, sie wohnte in einer funkelnagelneuen und ziemlich teuer aussehenden Wohnung in der Nähe vom Beverly Center. Sie trug ein leichtes Kleid mit Blumenmuster, weit geschnitten und sexy, fast durchsichtig und sehr kurz. Sie hatte tolle Beine. Zwei Stück. Er starrte die Beine eine Ewigkeit an, um zu entscheiden, welches ihm besser gefiel. Es war eine knifflige Denkaufgabe. Sie würde gründlichere Überlegung erfordern.

Er war ein bißchen nervös, weil er ihr eine seiner Geschichten zum Lesen gegeben hatte. Er war zu dem Schluß gekommen, daß alle Autoren aus einem einzigen Grund schrieben: um geliebt zu werden. Sie schrieben um des Geldes oder um der Kunst willen, oder auch, weil sie etwas zu sagen hatten. Und viele täuschten vielleicht vor, daß sie sich überhaupt nicht darum kümmerten, ob die Leser den Autor mochten oder nicht, solange ihnen zumindest die Geschichte gefiel. Aber das war großer Quatsch. Die Schriftsteller, die er kannte oder kennengelernt oder gelesen hatte, schrieben alle nur, weil es für sie keinen Unterschied machte, ob ein Leser „Ich liebe die Geschichte" oder „Ich liebe dich" sagte.

„Ich liebe deine Geschichte, Billy", sagte Amanda. „Vor allem den Schluß."

Er merkte, daß er vor Stolz größer wurde. „Danke, daß du sie gelesen hast." Er versuchte, Haltung anzunehmen. Wen wollte er eigentlich täuschen?

„Danke, daß du sie geschrieben hast. Du hast Talent. Ich bin neidisch."

Sie führte ihn ins Wohnzimmer. Ihre Wohnung wirkte wesentlich „erwachsener" als seine eigene. Auf dem Teppichboden waren Spuren vom Staubsauger zu sehen, und das Sofa hatte Schonbezüge auf den Armlehnen. Aber es gab auch Ausgefallenes: Auf dem Regal entdeckte er eine 60er-Jahre-Standuhr und auf der Stereoanlage einen zusammengekauerten schwarzen Porzellanpanther. Sie hatte einen riesigen Fernseher, eine teure Stereoanlage und eine umfangreiche CD-Sammlung. Aus den Lautsprechern wehte Sades gefühlvolle Stimme zu ihnen herüber. Auf dem Beistelltischchen stand eine offene Flasche Wein. Billy hatte nicht viel Ahnung von Wein, aber er ging davon aus, daß ein Wein, der älter als fünfzehn Jahre war und ein Etikett in einer ihm unbekannten Sprache hatte, einfach gut sein mußte. Auf einem Tablett sah er auch so was wie Horsd'œuvres — Krabbenrangun, wie Amanda ihm erklärte.

„Na ja, wenn du neidisch auf mich bist, beneide ich dich um deine Wohnung. Sie ist fantastisch."

Amanda führte ihn zu einer dickgepolsterten schwarzen Ledercouch. „Fühl dich wie zu Hause", sagte sie, „wenn ich grad nicht da bin. Oder" — sie gab ihm ein Glas Wein — „besser noch, wenn ich da bin." Sie lächelte ihn an und setzte sich im Schneidersitz hin. Schon wieder diese Beine. Ja, er war ein bißchen unsicher. Er setzte das Glas ab.

„Ich weiß nicht, warum ich mich so komisch fühle", gestand er ihr kopfschüttelnd. „Ich meine, dabei bin ich verrückt nach dir."

„Wenn du dir Sorgen um Alison machen solltest, vergiß es einfach. Ich habe heute mit ihr gesprochen. Sie findet es okay mit uns."

Das war genau das, was Billy hören wollte. „Ja? Hat sie dir das erzählt?"

„Das hat sie mir erzählt", sagte sie und stellte ihr Weinglas ab, bevor sie ihre Arme um Billys Hals legte. „Hätte ich ihre Erlaubnis einholen müssen?"

„Nein", sagte Billy, während er sie näher zu sich zog. „Das wird wohl nicht nötig sein. Überhaupt, laß uns nicht über Alison reden. Laß uns über uns reden."

Amanda lächelte. „Wenn du nicht was ganz Wichtiges zu sagen hast", sagte sie und küßte ihn sanft, „laß uns doch einfach überhaupt nicht reden."

„Ja, Mama", sagte er und küßte sie auch. Ihren Mund. Ihren Hals. Und ihr Knie. Und so weiter.

9

Mehr als nur Freundschaft?

Im Café an der Ecke Fremont und Franklin Avenue trank Aurelio Rodriguez seine vierte Tasse Kaffee, rauchte seine neunte Zigarette und blinzelte mit den Augen, während er die Stellenangebote studierte, alles noch vor sechs Uhr morgens. Er mochte die Stellenangebote gern, weil er davon überzeugt war, daß sie Geheimnisse für ihn bereit hielten. Wenn sein Verstand aufnahmefähig genug wäre, würde es vielleicht passieren, daß er auf eine Anzeige starrte und plötzlich wußte, auf welche Pferde er an diesem Tag setzen müßte.

Neben einem Geldautomaten an der Ecke Westwood und LeConte Avenue wartete Horace Tucker um Punkt sechs Uhr an einem Zeitungskasten darauf, den ersten UCLA-Studenten zu berauben, der Geld abheben wollte. Nicht, weil es eine besonders günstige Uhrzeit war, um Studenten zu beklauen — eigentlich war der Andrang ziemlich gering —, sondern weil Horace Tucker um sechs Uhr morgens eben da und nirgendwo anders war. Außerdem überkam ihn wieder die unerträgliche Sucht, nur noch ein letztes Mal high zu werden, nur noch einen Schuß, bevor er sich einen Platz zum Zusammenbrechen oder irgendwas zu essen suchte, je nachdem, wie seine Stimmung war. Es würde kein Problem sein, selbst um diese Uhrzeit und in diesem Viertel einen Dealer zu finden.

In Beverly Hills, nicht weit von der Ecke Doheny und La Altura Avenue, lag ein berühmter Schauspieler mit sicher festgeklebtem Toupé mit zwei Filmsternchen im Bett des größten Schlafzimmers seiner in neugriechischem Stil erbauten Villa, die von der Straße durch einen drei Meter hohen schmiedeeisernen Zaun und ein selbst für einen einfallsreichen Paparazzi undurchdringliches Buschwerk abgeschirmt war. Eine der beiden Frauen war im *Playboy* erschienen, die andere hatte vor einiger Zeit den Babysitter in *Wer ist hier der Boss?* gespielt. Im Gästezimmer lag die Frau dieses sehr berühmten Schauspielers mit zwei Zirkusakrobaten aus Las Vegas im Bett, einem Ehepaar, das immer gemeinsam auftrat. Im Erdgeschoß spielte der programmierte CD-Player immer wieder „The Party's Over – It's Time to Call It a Night". Am Grunde des Swimmingpools lagen ein Hammer und ein Staubsauger.

In South Central an der Ecke sechsundsechzigste Straße und San Pedro gaben sich Kim Woo und seine Frau May in ihrer Einzimmerwohnung über dem Lebensmittelgeschäft große Mühe, eine Familie zu gründen.

Auf dem Parkplatz des Griffith-Park-Observatory gaben sich Tommy Degeneries und Wyla Rathbone große Mühe, keine Familie zu gründen.

Im Tom-Bradley-Terminal des International Airport von Los Angeles erwachte eine junge Engländerin namens Annabel gerade auf einer Bank, wo sie eingenickt war. Sie mußte feststellen, daß sie ihren Flug nach London verpaßt hatte, den sie um rund sechs Stunden verschlafen hatte. Sie haßte es, ihre Eltern um Hilfe zu bitten; zudem hatte sie gerade mit ihnen einen fürchterlichen Krach wegen eines Jungen namens Nigel gehabt, den sie liebte, aber ihre Eltern (der Earl of Sussex und seine Frau) fanden, daß sie etwas Besseres verdient hätte. Trotzdem nahm sie schließlich ihren ganzen Mut zusammen und beschloß, sie anzurufen, entdeckte dann aber, daß jemand sie um ihren Paß und ihr ganzes Geld erleichtert hatte, während sie geschlafen hatte.

Ganz Los Angeles erwachte langsam zum Leben, abgesehen vom Melrose Place 4616, wo alles noch fest schlief, unter anderem Jake und Jo, die in Jos französischem Bett lagen. Jake schnarchte mit offenem Mund, sein linkes Bein lag auf ihrem rechten. Jo hatte ihren Kopf unter ein Kissen gesteckt und wachte erst um sieben Uhr auf, als sie Sarah Vaughns „It's De-Lovely" aus den Lautsprechern hörte, den intensiven Geruch von Toast und Kaffee roch und das intensive Aroma eines Kusses von Jake schmeckte, der sich noch nicht die Zähne geputzt hatte. „Ihr Orangensaft und Ihr Toast, Madame", sagte er.

Sie schloß wieder die Augen, zog ihn zu sich und legte einen Arm um seinen Hals. „Sarah Vaughn im Radio, du in meinem Bett und dann auch noch Frühstück. Ich hab' wirklich ein Glück."

„Du weißt gar nicht, was für ein Glück du hast", betonte Jake. „Stell dir vor, ich wär' im Radio und Sarah Vaughn in deinem Bett." Er küßte sie noch einmal.

„Womit hab' ich das nur verdient?" fragte sie.

„Du hast einen Job gekriegt."

„Na ja, so was Ähnliches zumindest." Alison hatte ihr versprochen, daß sie in Zukunft noch mehr Aufträge von D&D kriegen würde, aber in der Zwischenzeit mußte sie auch ihre Rechnungen bezahlen. Es war zwar nicht gerade Jos Traumjob, Schulabgänger zu fotografieren und Gören im Einkaufszentrum zu knipsen, aber erst mal war's in Ordnung. Dann erinnerte sie sich daran, wann ihre Arbeit anfing, und setzte sich auf einmal kerzengerade im Bett auf. „O Gott, hab' ich zu lange geschlafen? Wie spät ist es?"

Jake schlenderte in die Küche und stellte auf dem Weg die Anlage leiser.

„Keine Panik", beruhigte er sie. „Du hast noch 'ne Stunde Zeit."

Er setzte sich wieder neben sie aufs Bett und nahm sich eine Scheibe Toast vom Frühstückstablett.

„Wie komme ich eigentlich zu diesem Service? Wirst du langsam wie Alice aus *The Brady Bunch* oder so?"

„Ich glaub' eigentlich nicht", sagte er.

„Es ist ja nicht so, daß es schlecht wäre, eine Alice zu haben, versteh mich nicht falsch. Ann B. Davis. Eine der besten Schauspielerinnen der Welt. Sie und Mr. T. Weißt du, was an Mr. T. so toll war? Er konnte sich wie ein Chamäleon verwandeln. Ich seh' mir den Abspann nach einem seiner Filme oder Fernsehshows an und denke mir ‚Wahnsinn — das war Mr. T.?'"

Jake ging, um sich eine Tasse Kaffee zu holen, und kam dann ins Schlafzimmer zurück. „Ich sag' dir, woran's liegt", verkündete er. „Ich bin glücklich. Ich bin heute morgen mit dem Gefühl aufgewacht, daß ich alles habe, was ich mir jemals gewünscht hab'. Eine feste Beziehung, einen guten Job und eine Harley."

„Und eine Harley?"

„Ja."

„Mensch, Jethro — du verlangst nicht viel vom Leben, was?"

„Hör zu", sagte er. „Da, wo ich herkomme, wärst du damit ein Millionär gewesen. Noch ein R5 dazu, und du warst Gott." Plötzlich wurde er ernst und streichelte mit den Fingerspitzen ihre Schulter.

„Was ist?" fragte sie.

„Jo", sagte er. „Ich hab' wohl die meiste Zeit meines Lebens damit verbracht, es mir zu versauen. Aber jetzt gucke ich mich um, und alles erscheint auf einmal so, ich weiß nicht, so wichtig. Ich kann es nicht beschreiben."

Sie schlürfte ihren Kaffee und sah ihn an. „Ich bin froh, daß du glücklich bist, Jake. Wirklich."

„Ich schätze, daß ich damit sagen will, daß du 'ne Menge damit zu tun hast. Also . . . ähm, danke."

Sie kannte *Poésie pure*, von aalglatten Idioten vorgetragen, die nicht ein Wort von dem, was sie sagten, auch wirklich meinten. Jakes einfache und ehrliche Art war ihr tausendmal wichtiger als so etwas. „Nichts zu danken", sagte sie und küßte ihn noch einmal.

Wenn irgend etwas sicher war, dann das, daß sie sich jetzt noch stundenlang weiter hätten küssen können. Leider wartete draußen vor der Tür die grausame Welt wie eine Katze unter einem Vogelhäuschen auf sie, so daß Jake schließlich aufstand und sich anzog.

„Wenn du mit dieser Knutscherei weitermachst, kommst du an deinem ersten Arbeitstag noch zu spät", ermahnte er sie.

„Bisher hattest du damit keine Probleme", erinnerte ihn Jo. Sie packte sein Hemd und zerrte daran, als er sich bückte, um sich die Schuhe zuzubinden. „Hey", sagte sie und ließ ihn los. „Du bedeutest mir auch sehr viel, weißt du."

Von der Tür aus sah er mit einem Lächeln zurück. „Was weiß man schon? Das Leben wird immer besser."

Im Erdgeschoß saßen sich Alison und Billy am Frühstückstisch gegenüber. Alison strich langsam Schmelzkäse auf ihr Knoblauchbrötchen. Billy schlürfte seinen Kaffee und versuchte, wach zu werden. Am Abend vorher war er spät zurückgekommen. Er bereute nichts, höchstens, daß es ihm manchmal nicht ganz so leichtfiel, in zusammenhängenden Sätzen zu sprechen.

„Ich habe mir noch mal alles durch den Kopf gehen lassen, Alison", sagte er. „Und ich respektiere deine Gefühle, aber Amanda und ich wollen uns weiterhin sehen. Sie hat gesagt, daß es deine Arbeit in keiner Weise berühren wird, und was das Leben hier angeht, sehe ich keinen Grund, warum es stören sollte."

„Gut", sagte sie gleichgültig. „Na ja, ich bin froh, daß

ihr zwei das geklärt habt. Danke, daß du mich auf den neuesten Stand bringst." Sie goß sich eine Tasse Kaffee ein.

„Du weißt, daß ich nichts tun würde, was dich verletzen könnte", fuhr er fort, „und ehrlich gesagt, sehe ich auch nicht, wie das passieren sollte. Ich meine, wir werden alle eine große glückliche Familie sein. Warum auch nicht?"

„Hört sich ja sehr gemütlich an", bemerkte sie ironisch. „Vielleicht ein bißchen pervers."

Er war erleichtert, als er das hörte. Offensichtlich änderte sie langsam ihre Meinung. „Ich bin froh, daß du das so gut aufnimmst", sagte er. „Ich wußte, daß wir 'ne Lösung finden."

Alison nickte. „Also — hast du letzte Nacht mit ihr geschlafen?"

Billy spuckte fast seinen Kaffee aus. „Ich glaub's einfach nicht, daß du mich das fragst", protestierte er.

„Ach los", stichelte sie. „Sprecht ihr über mich?"

„Na ja, gut . . .", fing er an, überlegte es sich dann aber noch einmal anders. „Ich meine, nein, tun wir nicht. Abgesehen davon, einige Dinge sind doch nun eindeutig Privatsache."

„Wir sind doch 'ne Familie, Billy, erinnerst du dich nicht mehr?" sagte sie. „Also spuck's aus. War's gut oder was?"

„Wir haben's nicht gemacht, alles klar?" stellte er fest, immer noch überrascht. „Mensch, Alison. Ich meine — es gibt wirklich Grenzen."

Sie stand auf und nahm ihr Portemonnaie und ihre Aktentasche. „Genau meine Meinung, Billy. Es gibt Grenzen. Ich habe dir gesagt, daß mir das mit euch beiden nicht paßt, weil sie meine Vorgesetzte ist. Ich habe dir gesagt, daß es mir unangenehm ist, weil es meine Privatsphäre verletzt. Wo ich meine Grenzen ziehe — egal ob sie meine Freundin ist oder nicht —, ist meine Sache. Aber das interessiert dich ja sowieso nicht." Sie nahm die Autoschlüssel von der Kommode. „Viel Spaß mit deiner Freundin, aber halt mich da raus."

Sie schloß die Tür hinter sich.

Einige Leute glauben, daß man dankbar sein sollte, wenn das Schicksal Bonbons für einen bereithält. Jo war da anderer Meinung. Außerdem handelte es sich in ihrem Fall auch nicht um Bonbons. Schulabgänger im K-Markt zu fotografieren kam ihr eher so vor, als hätte sie einen Sack faule Eier bekommen. Es gehörte schon einiges dazu, das Beste aus der Situation zu machen. Pärchen in Smokings und Abendkleidern warteten in der Schlange darauf, vor einem weißen, mit künstlichen Zaunwinden besetzten Gitter zu posieren. Die Geschäftsleitung hatte Jo die Anweisung gegeben, sie nach Möglichkeit beim Tanzen zu fotografieren. Im Moment hatte sie allerdings das Problem, daß Patricia, das Mädchen, das sie knipsen sollte, noch nicht mal die Andeutung eines Lächelns zustande kriegte. Das lag vor allem an ihrem Freund, der sie versetzt hatte, so daß sie allein war. Die Bilder waren jedoch schon bezahlt. Sie hatte noch bis zum Abend Zeit, um die Sache mit ihrem Freund zu kitten. Jo hatte ihr gestehen müssen, daß sie nicht glaubte, daß man ihn später noch auf das Foto montieren könnte. Patricia stand steif da und zog eine Grimasse, während die anderen Mädchen und Jungen in der Schlange sie hänselten.

„Gut, Patricia, versuchen wir's doch noch mal etwas lockerer", schlug Jo vor. „Warum tust du nicht einfach so, als würdest du auf dem Abschlußball tanzen? Mit wem auch immer . . ."

„Ich hab' keine Lust, okay?" sagte Patricia schnippisch und betrachtete die Schlange. „Mach einfach das Foto, okay?"

„Kümmer dich doch nicht um die anderen", redete Jo

ihr zu. „Los, beweg dich. Soll ich die Musik lauter drehen?"

Patricia machte eine paar vorsichtige Schritte, ihren Blick noch immer auf die anderen gerichtet und noch immer mit festgefrorener Miene. Einer der Highschool-Jungen spottete, daß er seine Freundin auch sitzen ließe, wenn sie ebenso schlecht tanzen würde. Jo stellte wieder einmal fest, wie grausam Kids sein konnten. Patricia stieg von der Bühne hinunter.

„Ich brauch' gar kein Bild", murmelte sie.

Jo hielt sie auf. „Ach, Patricia, gib doch nicht auf." Das Mädchen tat ihr wirklich leid.

„Ich kann nicht tanzen, okay?" sagte Patricia leise. „Die ganze Sache hier war ein großer Fehler." Sie war schon auf dem Weg nach draußen, als Jo hinter ihr herrief:

„Hey, Patricia — komm zurück. Sofort!" Patricia zögerte, bis Jo sie am Arm packte und auf die Bühne zurückzog.

„Wißt ihr eigentlich, mit wem ich zur Schule gegangen bin?" rief Jo den wartenden Teenagern zu, die über Patricia lachten. „Madonna! Ja, ganz genau, Madonna. Nicht irgendeine Madonna. *Die* Madonna, und wißt ihr was? Das Mädchen konnte nicht für fünf Pfennig tanzen. Überhaupt nicht! Sie sah aus wie ein spastischer Affe an der Leine. Sie wurde in der Schule immer ausgelacht!" Sie drehte sich zu Patricia um. „Du hast doch bestimmt *Truth or Dare* gesehen, nicht?"

Das Mädchen nickte.

„Also, was hatte sie in dem Film, was du nicht hast? Ich sag's dir: Tänzer, damit sie gut aussah, das war's."

„Du kennst Madonna doch gar nicht", sagte Patricia.

„Tanz", kommandierte Jo. „Hier — ich besorg' dir Tänzer." Jo griff sich zwei Jungen aus der Schlange und stellte sie mit Patricia auf die Bühne. Das Lied aus der Oldies-but-Goldies-Kiste war ein Hit von Sly and the

Family Stone. Die anderen Jugendlichen fingen an, ermutigend im Takt zu klatschen. Die beiden Jungen winkten Patricia zu, daß sie mitmachen sollte.

„Bum schubidubi, bum schubidubi, da da da, da da da, da da da . . .", sang Jo. „Wow, Patricia, du bist genauso gut wie Madonna, sieh dich nur an . . ."

Patricia lachte und ließ sich gehen; ihr Kleid wirbelte, während sie im Takt der Musik stampfte und langsam in den Rhythmus kam. Jo schnappte sich ihre Kamera und fing an zu knipsen. Sie hoffte inständig, daß der Rest der Bilder, die sie an dem Tag noch vor sich hatte, nicht genauso schwierig sein würde. Sie warf einen verstohlenen Blick auf die Schlange.

Die wand sich um die Ecke, ohne daß ein Ende abzusehen war.

Alison korrigierte gerade einen Stapel Werbetextentwürfe, der abgesegnet werden mußte, bevor er weitergeleitet werden konnte, als Amanda sie unterbrach und ihr die endgültigen Vorlagen für die Maximum-Advantage-Kampagne zeigte. Die Stimmung, die sie ausstrahlten, hatte sich verändert, Aktivität und Energie waren Eleganz und Lässigkeit gewichen.

„Ich habe daran das ganze Wochenende gearbeitet", berichtete Amanda. „Ich glaube, daß es für die Frauenunterwäsche ein besserer Ansatz ist als die Fotoseite, die wir für die Männer gemacht haben. Was hältst du davon?"

Alison betrachtete den Entwurf. „Mhm. Sieht gut aus."

„Alles klar, Alison?"

Alison schaute sich noch einmal das Bild an. „Ja. Sollen wir das jetzt Lucy bringen? Ich finde, daß der Text zu den Entwürfen paßt, die du gemacht hast. Vielleicht noch ein bißchen Feinarbeit zum Schluß . . ."

„Ich meinte uns, Alison", sagte Amanda und setzte

sich auf die Ecke von Alisons Schreibtisch. „Ich habe gestern abend mit Billy gesprochen."

Die Worte schmerzten wie Messerstiche, genau das, was Alison nicht hören wollte. Obwohl sie sich vorgenommen hatte, nicht die Fassung zu verlieren, konnte sie es nicht verhindern, daß es an ihr nagte.

„Weißt du, mich stört es nicht, wenn ihr zwei euch sehen wollt, aber laß uns nicht darüber reden, okay?"

Amanda wirkte überrascht. „Ich hätte nie gedacht, daß es dich so aufregen würde, wenn ich mit ihm zusammen bin."

„Hör auf, Amanda. Ich hab' genug Andeutungen gemacht."

„Ich achte nicht auf Andeutungen, Alison", sagte Amanda. „Ich bin zu anderen ehrlich, und ich erwarte dasselbe von den Leuten, mit denen ich zusammenarbeite."

„Du willst, daß ich ehrlich bin?" fragte Alison. „Okay, dann eben ehrlich. Ich arbeite für dich, ich bin neu hier, und ich will meine Stelle nicht gefährden, indem ich dir Vorschriften mache. Ich glaube, daß das die meisten Leute verstehen würden."

Amanda hüpfte vom Tisch und blieb an der Tür noch einmal stehen. „Wenn ich du wäre, Alison", sagte sie, „würde ich mal über meine Gefühle für Billy nachdenken. Ich kriege so langsam den Eindruck, daß er verdammt viel mehr als ein Mitbewohner für dich ist."

Alison wollte sie eigentlich darauf hinweisen, daß sie nicht alle Tassen im Schrank hätte, aber Amanda vereitelte ihr Vorhaben, indem sie direkt in ihr Büro ging. Aber es war Blödsinn! Alles war blöd, ihr Mitbewohner gefährdete ihren Job, ihr Job gefährdete ihre Wohnsituation, ihr ganzes Leben zerbrach in Scherben. Über ihre Gefühle für Billy nachdenken. Billy mehr als nur ein Mitbewohner — von wegen! Wenn er mehr für sie wäre als ein Mitbewohner, müßte sie ja wohl eifersüchtig sein, und sie war alles andere als . . . Oder anders ausgedrückt, was man für Eifersucht halten konnte, war in Wirklichkeit . . . Das hieß, ein bißchen Eifersucht war ja auch verständlich, angesichts . . . War sie eifersüchtig? Wirklich? Könnte das sein? Natürlich war ihr Billy wichtig, und sie wollte nicht, daß er verletzt würde, und natürlich war ihr Job wichtig, und sie wollte ihn nicht verlieren, aber . . . eifersüchtig? Weil Amanda ihr etwas wegnahm. Billy hatte andere kleinere Affären gehabt, aber da war sie nie eifersüchtig geworden. Natürlich war es auch noch nie so ernst gewesen. Vielleicht hatten sich die Dinge irgendwie verändert. Eifersüchtig? Könnte das sein? Vielleicht hatte Amanda recht — vielleicht mußte sie wirklich mal über ihre Gefühle für Billy nachdenken.

Während Alison fand, daß sie ihre Gefühle für Billy untersuchen mußte, hätte Michael Mancini mal sein Hirn untersuchen lassen müssen — das meinte jedenfalls seine Frau Jane, die die Teller spülte, während ihr Mann abtrocknete und versuchte, sie zu überreden, sich einen Hochglanzprospekt anzusehen, den er in der Hand hielt.

„Sei nicht so, Jane, es ist wunderschön", drängte er sie. „Wirf mal 'nen Blick drauf. Wunderschöne Clubhäuser — sie haben sogar einen Gymnastikraum nur für Damen. Fitneßkurse. Das Allerneueste an Kraftmaschinen . . ."

„Sei du nicht so", sagte sie und tauchte eine gußeiserne Pfanne ins Spülwasser. „Ein Country Club? Das können wir uns überhaupt nicht leisten."

„Das ist ja das Gute daran", fuhr er fort. „Sie haben diese ermäßigte Mitgliedsgebühr für junge Berufstätige, also Leute wie wir — du weißt schon, Leute, deren Einkommen vermutlich steigen wird . . ."

Sie gab ihm die Schüssel, die sie gerade gespült

hatte. „Wie haben dir die Tortellini geschmeckt?" fragte sie.

Er ignorierte sie. „Levin ist Mitglied in dem Club und hat angeboten, uns zu empfehlen."

„Wenn Levin von einer Brücke springt, springst du dann hinterher?"

„Wenn Levin von 'ner Brücke springt, hat er vermutlich einen guten Grund. Ich schätze diesen Mann. Ich würde gründlich darüber nachdenken."

„Oh, hör auf, Michael", sagte Jane. „Ich meine, ich weiß nicht — ich finde, es paßt nicht zu uns." Sie reichte ihm das Glas, in dem das Pesto gewesen war. Er fand, daß sie zu viele Gläser wusch und aufbewahrte, aber sie war so erzogen worden, hatte immer zu hören bekommen, daß man nie genug haben konnte. „Was hältst du von dem Pesto, Mancini? Gar nicht schlecht für 'ne Fertigsauce, was?"

„Was paßt nicht zu uns?" drängte er, damit sie nicht vom Thema abwich. „Deine Familie war damals in Chicago doch auch in einem Country Club. Während der Schulzeit warst du im Golfverein, du hast Golf geradezu geliebt . . ."

„Ich war damals auch noch ein Kind", sagte sie, warf ihm ein Küchentuch um den Hals und zog ihn zu sich heran. „Ich bin älter geworden. Ich treibe nun lieber drinnen Sport." Sie gab ihm einen langen Kuß und schlang ein Bein um ihn.

„Unsere Aerobicübungen würden besser werden", gab er zu bedenken und küßte sie auch.

„Ich mag es aber, wenn ich außer Atem bin", sagte sie, zog ihn auf den Boden und zerrte ihm das Hemd über den Kopf. „Lust auf ein Kämpfchen?"

„Wer zuerst zwei Runden gewonnen hat", bestimmte er und knöpfte ihren obersten Knopf auf.

„Der Verlierer bringt den Müll raus", sagte sie.

„Dann hat Rusty mich gerufen und mir gesagt, daß er mich diese Woche nicht bezahlen kann. Er sagt, alles wär' in Ordnung, das hätte nur irgendwas mit der Buchhaltung zu tun."

Jake und Jo saßen in Jos Wohnung auf der Couch und aßen Pizza, wobei sie im Fernsehen *Entertainment Tonight* ohne Ton sahen. Auf dem Bildschirm sah man gerade Betty White und Kenny Rogers, die Orang-Utan-Babys in den Armen hielten.

„Brauchst du Geld?" fragte Jo. „Ich hab' auch nicht viel, aber ich kann dir was geben."

„Ich hab' 'n Polster, das noch ein paar Wochen reicht", sagte er. „Aber irgendwie erinnert es mich an meinen Alten. Wenn irgend 'ne Firma Streß mit seinem Geld gemacht hat, rastete er aus. Ein oder zwei Dollar weniger oder einen Tag zu spät, und er hat schon irgendwem eine reingehauen und wurde gefeuert." Dann war er immer nach Hause gekommen, hatte gesoffen und früher oder später entweder seine Frau oder die Kinder verprügelt. Es kam so weit, daß Jake aus zehn Metern Entfernung die Whiskey-Fahne seines Vaters riechen konnte. Er war dann immer in sein Versteck unter der Veranda gekrochen, in einen Papp-karton, den er wie in den Superman-Comics seine „Festung der Einsamkeit" nannte.

Jo lächelte ihn an. „Siehst du?" sagte sie. „Jede Generation lernt ein bißchen was dazu. Du hast deinen Job noch."

Das Telefon klingelte. Jo stand auf, um ranzugehen.

„Warte erst mal, bis ich dir von meinem Tag erzähle", sagte sie und nahm den Hörer auf. Jake hörte zu.

„Hallo? Wer? Ach ja. Na ja, jetzt haben Sie mich ja erreicht. Was wollen Sie?" Sie hielt die Hand vor die Muschel, wandte sich zu Jake um und verdrehte die Augen. „Hol das Desinfektionsmittel — es ist der Anwalt meines Mannes."

Jake runzelte mitfühlend die Stirn.

„Nein", sagte sie in den Hörer hinein und wartete dann. Jake beobachtete, wie sie immer ärgerlicher wurde. „Nein. Nein. Nein. Ich habe Ihnen schon mal gesagt, daß ich sein verdammtes Geld nicht haben will. Ich will nur die Scheidung, okay? Verdammt. Das ist Quatsch, und das wissen Sie auch. Charles kümmert sich 'nen Dreck darum, ob er fair ist, er will nur seinen Arsch retten. Mir ist es egal, ich will ihm nichts schulden. Das ist dann wohl Ihr Problem, oder? Hören Sie, schicken Sie mir einfach die Papiere, in Ordnung? Auf Wiederhören."

Sie knallte den Hörer auf die Gabel, in einer so schlechten Stimmung, daß sie nicht zum Sofa zurück-kam, sondern in die Küche und dann wieder zurück rannte. „Bloß ein Anruf von diesem Trottel, und der Abend ist versaut. Die ganze Familie – ihre Anwälte, ihre Speichellecker, ihre dämlichen Afghanenköter – ist so unglaublich patriarchalisch. Alles nur, weil sie meinen, sie könnten dich kaufen, dich zum Schweigen bringen, dich unterkriegen, um bloß zu verhindern, daß irgendwas in die Presse kommt. Sie glauben, daß die ganze Welt käuflich ist."

„Nur aus Informationsgründen", unterbrach Jake sie, „wieviel bist du ihnen wert?"

„Fünfzig Riesen."

Er pfiff anerkennend. „Vielleicht solltest du's dir doch noch mal überlegen. Von fünfzig Riesen könnten wir uns noch ziemlich viel Pizza kaufen."

Jo explodierte fast. „Das ist überhaupt nicht komisch, Jake. Ich laß mich nicht kaufen. Mein Stolz ist nicht käuflich. Nicht mehr. Findest du das witzig?"

Jake sah ein, daß er sich einen völlig falschen Zeitpunkt für einen Witz ausgesucht hatte. Er ging zu ihr hin und nahm sie in die Arme. „Nein, finde ich nicht", gab er zu. „Tut mir leid, Jo. Es war dumm von mir und überhaupt nicht komisch."

Jo lehnte ihren Kopf an ihn. „Ist schon okay", sagte sie. „Mensch, ich bin so froh, wenn ich nichts mehr damit zu tun habe. Wenn es eine Tablette gäbe, die einen vergessen ließe, würde ich sie nehmen."

„Zumindest am ersten Tag", sagte Jake. „Am zweiten würdest du's vermutlich vergessen."

Sie sah zu ihm hoch und grinste. „Hör bloß nicht auf, mich zum Lachen zu bringen. Du tust mir gut." Sie schloß die Augen.

Billy hatte einen außergewöhnlich guten Tag beim Taxifahren gehabt, unter anderem hatte er zwanzig Dollar Trinkgeld von Frank Bank bekommen, dem Schauspieler, der Lumpy Rutherford in der *Leave It to Beaver-Show* gespielt hatte und der total begeistert war, als Billy ihn erkannte und sich an seinen Namen erinnerte. Aus irgendeinem Grund schien Billy nicht ein fotografisches, sondern ein videografisches Gedächtnis zu haben, und außerdem hatte er als Kind soviel Fernsehen geguckt, daß er sich an sie alle erinnerte. Er kannte sogar noch die ganz alten Shows, die jetzt im Kino liefen. Als er in Hollywood Taxi gefahren war, hatte er massenhaft obskure Schauspieler als Fahrgäste gehabt, angefangen bei Simon Oakland, der immer schlechtgelaunte, jähzornige Kommissare spielte, bis hin zu Paul Benedict, der den englischen Besserwisser in *The Jeffersons* spielte. Alle gaben einem großzügige Trinkgelder, wenn man sich an sie erinnerte und ihnen erzählte, wieviel einem ihre Show bedeutet hätte. Billy hatte das Geld von Lumpy Rutherford in eine neue Krawatte für seine Verabredung mit Amanda investiert. Normalerweise hätte er Alison um ihre Meinung gefragt, aber die Dinge hatten sich verändert. Sie saß am Küchentisch und sah eine Art Ordner durch, ohne aufzublicken, als er zur Tür ging.

„Vermutlich bis nachher", sagte er.

„Billy, warte mal 'nen Moment", rief sie. Er drehte sich um. „Hör mal, ich habe versucht, klar zu kriegen, warum das alles so beschissen gelaufen ist. Meinen Anteil daran, verstehst du? Ich glaube, daß ich manchmal einfach nicht nachgeben kann."

„Ja, würde ich auch sagen", stimmte er ihr zu. „Genausowenig wie ein Brecheisen."

„Aber es ist auch nicht nur meine Schuld."

„Hey, ich will mich nicht schon wieder mit dir streiten. Ich treffe mich mit Amanda." Er versuchte, so entschieden wie möglich zu klingen.

„Nein, Mensch, sollst du ja auch", sagte Alison. „Wirklich."

„Gut", stellte er lapidar fest. „Werde ich auch."

„Gut." Sie hatte einen dicken Kloß im Hals. „Was ich sagen wollte", fuhr sie fort, „ich hab' es nicht absichtlich gemacht. Ich glaube, ich war auf Amanda eifersüchtig. Sie sieht toll aus, sie hat Talent, sie ist erfolgreich, und nun ist sie auch noch mit dir zusammen. So. Jetzt weißt du's."

Er sah sie erstaunt an. „Wegen mir?" fragte er. „Du bist wegen mir eifersüchtig?"

„Ein bißchen schon, glaube ich, ja", gab sie zu. „Ich bin mir nicht ganz sicher, aber warum würde ich sonst so 'nen Aufstand machen, daß ihr zusammen seid?"

„Das hat mir jetzt die Sprache verschlagen."

„Jedenfalls", sagte sie zögernd. „Geh schon. Ich will nicht, daß du zu spät kommst. Aber vielleicht sollten wir bald noch mal darüber reden. Vielleicht, äh, irgendwie morgen? Ich meine . . . Ich finde nur, daß wir versuchen sollten, rauszukriegen, was da . . . äh . . . du weißt schon. Was da zwischen uns eigentlich ist. Irgendwie herausfinden, was da in der Luft liegt."

Billy wußte nicht, was er sagen sollte. „Was da zwischen uns ist", wiederholte er dümmlich.

„Ja", sagte Alison. „Irgendwie so was."

168

„Öh, ja. Wir reden miteinander", willigte er ein, immer noch nicht ganz sicher, was sie meinte. „Das wär' gut."

„Nacht, Billy."

„Nacht, Alison."

Als er weg war, war sie zuerst erleichtert, daß die Sache bereinigt war. Aber je mehr sie darüber nachdachte, desto unsicherer wurde sie. Die Sache bereinigen . . . wie denn? Was sollte sie ihm sagen? Es war einfach genug gewesen, sich selbst mit Amanda zu vergleichen und ihre Eifersucht auf Amanda zu beschreiben, auf ihr Talent, ihren Erfolg, was auch immer. Aber auf Billy selbst? Wollte sie Billy? Wenn ja, wie sollte sie es ihm sagen? Wenn sie jetzt schon den Eindruck hatte, daß ihr Leben ein einziges Chaos sei, was würde dann erst passieren? Vermutlich hätte sie nie davon anfangen sollen, aber dafür war es jetzt zu spät.

Billy war so verwirrt, daß er noch bei Jake vorbeischaute, anstatt direkt zum Auto zu gehen. Als der nicht aufmachte, versuchte er es bei Jo, wo er die beiden dabei antraf, an den letzten Ecken einer riesigen Pizza zu knabbern. Jo kam an die Tür.

„Hey, Jo. Ich suche Jake." Billy merkte, daß er bei irgendwas störte, und fühlte sich ein bißchen unwohl.

„Hallo Billy. Was ist los?" fragte Jake.

„Ich hab's schon bei dir probiert und dachte mir dann, daß ich noch mal hier vorbeigucke. Ich wollte mit dir reden." Billy fühlte sich noch unwohler.

„Na ja", sagte Jake. „Jetzt hast du mich ja gefunden."

Jo schien plötzlich die Situation zu verstehen. „Wißt ihr was?" sagte sie. „Ich seh' mal kurz in der Dunkelkammer nach ein paar Abzügen und laß euch zwei quatschen. Ist doch bestimmt eh' über Fußball oder Baseball oder so was, nicht?"

Billy bedankte sich bei ihr. „Entschuldige, daß ich hier so reinplatze", sagte er zu Jake, als sie allein waren.

„Aber es dauert nicht lange. Ich meine, ich weiß noch nicht mal, warum ich dir auf die Nerven falle." Er setzte sich auf die Couch. „Ich komm' ja gut mit Frauen klar. Aber manchmal muß ich das bei irgendwem ablassen."

„Wenn es um die Krawatte geht, trag sie einmal, bedank dich bei ihr und tu so, als ob sie dir gefällt. Und steck sie dann in die hinterste Ecke des Schranks", schlug Jake vor.

„Dir gefällt die Krawatte nicht?" fragte Billy. „Ich hab' sie mir heute selbst gekauft."

„Es ist eine tolle Krawatte. Ich hab' nur 'n Witz gemacht. Also, was ist los?"

„Okay, Folgendes. Ich bin mit dieser unglaublichen Frau zusammen und habe den Eindruck, daß es wirklich was werden könnte. Ich meine, ganz sicher kann ich's nicht sagen, aber alles spricht dafür. Sie lacht über meine Witze, ich über ihre, sie ist hinreißend und findet mich auch ganz schön scharf. Aber ich weiß nicht, ob das weitergehen kann, verstehst du? Und in zwanzig Minuten wollte ich sie abholen."

„Wo ist das Problem?" fragte Jake. „Ist sie verheiratet oder erst sechzehn, oder was?"

Billy wußte nicht, wieviel er ihm erzählen sollte, aber er brauchte Hilfe. Er hatte schon einmal Alisons Vertrauen verletzt. Es war fies, es schon wieder zu tun, aber wie sollte man unter Freunden miteinander reden, wenn man nicht absolut ehrlich war?

„Sie ist so was wie Alisons Boß bei der Arbeit", erklärte er. „Nicht so was wie. Sie ist Alisons Boß. Das war zuerst ein Problem, aber jetzt − glaube ich − nicht mehr."

„Was sollte es auch für einen Unterschied machen, daß sie ihr Boß ist?" fragte Jake.

„Es ist wirklich etwas kompliziert, Jake", sagte Billy. „Weiß du, es geht nicht ums Bumsen. Es geht darum, glücklich zu sein, oder vielleicht . . . nein − glücklich zu sein bringt's schon ganz gut auf den Punkt. Aber nicht nur was Kurzfristiges, sondern wirklich was für länger. Es muß ja nicht für immer sein, obwohl ich schätze, daß das auch möglich wäre, aber darum geht's nicht. Meine Güte, was labere ich für einen Mist ... verstehst du auch nur ansatzweise, worüber ich rede?"

„Um ehrlich zu sein", antwortete Jake, „glaube ich, ja. Ich rate dir, dich voll und ganz drauf einzulassen. Was hast du zu verlieren?"

„Das ist es ja. Ich weiß nicht, auf was ich mich einlassen soll. Da ist einmal Amanda, die, von der ich dir gerade erzählt habe, die aussieht, wie du's dir in all deinen Träumen immer vorgestellt hast, aber jetzt fängt Alison damit an, daß da vielleicht was zwischen uns ist, was auch immer ein Traum von mir war."

„Alison?" fragte Jake. „Was zwischen euch?"

„Ja", sagte Billy.

„Das versteh' ich nicht."

„Du weißt schon . . .. Sie hat gesagt, daß sie eifersüchtig ist. Sie hat gesagt – Jake, ich hab' von ihr geträumt, ich kann gar nicht erzählen, was."

„Ich will's auch gar nicht wissen", sagte Jake und brachte Billy zur Tür. „Sieh mal, Billy. Du kennst doch den Spruch von dem Spatz in der Hand und der Taube auf dem Dach. Geh zu deiner Verabredung und hör auf, dir soviel Gedanken zu machen. Du denkst zuviel nach. Das Leben ist wesentlich komplizierter, wenn man viel nachdenkt."

„Tja", überlegte Billy. „Vermutlich stimmt das. Vor allem, wenn man auch noch dämlich ist."

„Geh schon", ermunterte ihn Jake. „Keine Gefangenen machen. Das Leben ist kurz. *Cherchez la femme.*"

Jo kam zurück, als Billy weg war. „Erzählst du mir, was das alles sollte?" fragte sie.

„Irgendwann mal", sagte Jake. „Vermutlich ist das dann aber auch gar nicht mehr nötig."

Billy und Amanda gingen in die Eissporthalle. Sie konnte begnadet Schlittschuh laufen, was Billy nicht überraschte, weil sie offensichtlich in allem gut war, was sie anfing. Weil es mitten in der Woche war, tummelten sich nicht gerade viele Leute auf dem Eis. Billy war das ganz recht, denn seine Fähigkeiten beim Schlittschuhlaufen waren eigentlich noch geringer als sein Talent beim Wasserski, und das tendierte auch schon gegen Null.

„Hey", rief er, als Amanda ihn graziös umkreiste. „Du kommst aus Kalifornien. Wo hast du das nur so gut gelernt?"

„Mein Papa hatte mal eine Phase, wo er fand, ich sollte Eiskunstlauf lernen. Jedenfalls habe ich als Kind ziemlich viel Stunden gekriegt."

„Hast du jemals bei Wettkämpfen mitgemacht?"

„Einmal, aber da habe ich mir das Handgelenk bei einem Sturz gebrochen. Danach verlor mein Pa irgendwie das Interesse."

„Weil du hingefallen bist?"

„Weil ich vor anderen Leuten versagt habe." Sie lächelte ihn an.

„Das ist hart", sagte Billy und lief hinter ihr her, als sie rückwärts fuhr. „Konnte er dich nicht so akzeptieren, wie du bist? Ich meine, du bist schön, klug und . . . so halt."

„Er verlangt eben ein bißchen viel, das ist alles", sagte sie, lief zu ihm hin und stoppte abrupt. „Hey, ich wollte sowieso nicht so wie Peggy Fleming werden."

„Wer wolltest du denn sein?"

„Oh, keine Ahnung. Georgia O'Keeffe, schätze ich. Ich wollte eine runzlige alte Frau in der Wüste sein. Ich habe damals oft schwarze Kleider und Schals getragen, um so zu tun. Und du?"

Billy lief ein bißchen vor und drehte sich dann zu ihr um. „John Belushi", sagte er. „Lebe hart und stirb jung, während du auf den Zimmerservice wartest." Er wäre beinahe hingefallen, konnte sich aber im letzten Moment noch am Seitengeländer festhalten.

Amanda lief zu ihm hin. „Irgendwie kaufe ich dir das nicht ab."

„Es ist aber wahr", beharrte er. „Wir haben sogar Smarties gegessen und so getan, als ob es Drogen wären, und die Schlafzimmerausstellungen im Möbelgeschäft meines Vaters waren für uns billige Hotelzimmer. Wir wußten gar nicht, was wir da taten."

Sie sah ihn grinsend an.

„Hey, ich bin nicht so gebildet wie du."

„Das ist nicht wahr."

„Versprichst du, daß du mich nicht auslachst?" fragte er.

„Ehrenwort."

„Na ja, um die Wahrheit zu sagen, wollte ich immer Ernest Hemingway sein." Amanda lachte nicht, sondern nahm ihn ernst. „Ich hab' ihn immer toll gefunden, seit ich als Kind *Der alte Mann und das Meer* und dann *Wem die Stunde schlägt* gelesen hatte. Ich habe sogar meine Ma gebeten, mir Sandalen mit geflochtenen Sohlen zu kaufen. Ich habe alles von ihm gelesen. Er hat jedes Wort so genau gewählt, weißt du? Jeder Satz zeugt von Überzeugungskraft und Sorgfalt. Kein Schnickschnack, sondern wunderschön und leidenschaftlich."

Amanda beugte sich nach vorne und hauchte Billy einen Kuß auf die Lippen. „Weißt du was, Billy Campbell?" flüsterte sie. „Ich habe den Eindruck, daß ich immer mehr von dir angetan bin."

Er blickte sie an. Er konnte es nicht glauben. Sie war so, wie er es sich immer gewünscht hatte, überlegte er. Außer, daß sie nicht Alison war. Hörte er sich sagen.

„Mach dir nicht soviel Gedanken", befahl sie ihm. Gerade in diesem Moment war es allerdings nicht sein

Kopf, der das Denken übernommen hatte. Sie war zum Sterben schön, und sie wartete. Er fühlte sich, als würde er von einer Klippe springen.

„O Gott", murmelte er, als er sie wieder und wieder küßte. Wie wollte man aus Fehlern lernen, wenn man nie welche machte? Besser zu lieben und zu leiden als . . . oh, halt den Mund, sagte er sich — denk nicht soviel nach.

Er schaltete sein Gehirn in den Leerlauf und beließ es dabei.

10

Rechne immer mit dem Schlimmsten!

Es klopfte. Jake blickte auf die Uhr und stolperte aus dem Bett. Es war halb sieben Uhr morgens. Wer immer das auch sein würde, der ihn um diese Uhrzeit aus dem Bett schmiß, er würde ihn bewußtlos schlagen.

Es war Billy.

Er schlug ihn nicht.

„Was ist los, Billy?"

„Wir müssen miteinander reden", sagte Billy, als er sich an Jake vorbeischob. „Es ist alles noch komplizierter geworden."

„Na gut. Wenn's so ist — komm rein."

Billy ging in die Küche. Jake folgte ihm.

„Du bist allein, oder?" fragte Billy. „Ich meine, Jo ist doch nicht hier?"

„Na ja, um ehrlich zu sein, war bis gerade eben noch Supermodel Cindy Crawford da, aber sie ist jetzt weg", sagte Jake. „Jo ist bei sich zu Hause. Kaffee?"

„Sicher."

„Ich muß aber erst welchen kochen", gab Jake zu bedenken.

„Ich kann warten."

Jake schaltete das Radio und die Kaffeemaschine ein. „Was ist denn nun so wichtig, daß du es in aller Herrgottsfrühe diskutieren mußt?" fragte er.

„Ich mußte aus der Wohnung raus, bevor Alison aufwacht", berichtete Billy. „Jake, Mann — ich kann ihr nicht ins Gesicht sehen, bevor ich das nicht geklärt habe."

„Also war's nett gestern abend?"

175

„Mehr als nett — es war toll", erzählte Billy seinem Freund. „Ich steh' wirklich auf sie. Ich meine, ziemlich. Aber als ich sie gestern abend nach Hause gebracht habe, bin ich nicht einen Schritt weitergegangen. Ich hab' ihr 'nen Gutenachtkuß gegeben und bin dann abgehauen. Und ich glaube, daß sie mich wollte. Verdammt, ich weiß es. Das war kein Zaunpfahl mehr, das war schon ein Betonpfeiler, mit dem sie gewinkt hat."

„Warum zum Teufel bist du dann abgehauen?" fragte Jake.

„Ich hab' mich schuldig gefühlt", gab Billy zu. „Ich mußte immer an Alison denken."

„Weißt du, was dein Problem ist, Billy?" stellte Jake fest, während er dem Jüngeren eine Tasse Kaffee einschenkte. „Du bist ehrlich. Vermutlich bist du schon ehrlich geboren worden, und jetzt ist's zu spät, daran noch irgendwas zu machen. Wenn du nun mal nichts dran ändern kannst, warum gehst du dann nicht hin und redest mit Alison? Versuch, rauszufinden, ob da irgendwas ist, und wenn ja, dann . . . Ich weiß nicht, was du dann tun solltest. Vielleicht nach Frankreich ziehen."

„Na gut", sagte Billy, der mit der Idee noch nicht ganz glücklich war. „Okay. Dann werde ich . . . öh . . . werde ich mich wohl beruhigen und heute abend mit ihr reden. Die Sache ist, ich krieg's nie raus, was Frauen eigentlich wirklich sagen wollen."

Jake lachte. „Niemand kann das. Aber du solltest es zumindest versuchen. Das Schlimmste, was passieren kann, ist, daß du alles kaputtmachst."

„Vielen Dank, alter Freund", verabschiedete sich Billy.

Während sie den Frühstückstisch abräumte, hörte Jane zu, wie Michael telefonierte.

„Das wär klasse", sagte er. „Ja, mmmh . . . ich frage sie, aber ich bin mir sicher, daß sie begeistert sein wird.

Schön, daß wir dann auch Mrs. Levin kennenlernen werden . . . Erika, klar, wir können Erika zu ihr sagen . . . Auf jeden Fall, Sie können sich darauf verlassen. Morgen früh. Wir sehen uns im Krankenhaus."

Als er auflegte, sah er Jane in der Tür stehen und lächelte sie an.

„Du bist dir sicher, daß ich worüber begeistert sein werde?" Sie haßte es, wenn Michael Pläne machte, ohne sie zu fragen.

„Morgen früh mit Dr. Levin und seiner Frau Erika im Maple Ridge Country Club Golf spielen. Er hat gesagt, daß wir sie mit ihrem Vornamen Erika anreden sollen." Jane runzelte die Stirn. „Bitte, tu das für mich, Jane. Dafür nimmt er mich morgen zu den Hausbesuchen mit. Es ist unglaublich wichtig."

„Ich muß arbeiten, Michael . . ."

„Ich weiß", beharrte er, „aber kann Kay dir nicht wenigstens den Vormittag frei geben? Nach dem Mittagessen wärst du ja wieder zurück — früh am Nachmittag. Jane, Levin wird uns mit ein paar Leuten aus dem Clubvorstand bekannt machen." Er versuchte es mit Kleinkindersprache. „Bitte, bitte, Schatzi. . . Los, Janie, ploß ein tleiner Gefallen? Sei doch nicht so gemein . . ."

„Michael", sagte sie nüchtern. „Wenn ich das tue, tust du dann auch was für mich?"

„Alles, was du willst."

„Sprich nicht mehr wie ein Baby zu mir."

„Was?"

„Dieses Schnutzi-Putzi-Schatzi-Spatzi-Zeug macht mich wahnsinnig."

„Ich habe nie Schnutzi-Putzi gesagt, und du nennst mich immer Schatzi", verteidigte er sich.

„Du weißt schon, was ich meine, dieser niedliche Tonfall."

„Du hast dich bisher noch nie darüber beschwert."

„Es verliert langsam seinen Reiz. Michael, ich liebe

dich wahnsinnig, aber ich finde, es ist an der Zeit, daß wir, ich weiß nicht, die Art, wie wir miteinander reden, etwas auffrischen." Sie umarmte ihn. „Wie wär's? Ich tausche ein Golfspiel gegen ein paar klangvolle ‚Darlings' oder ‚Babys'."

Er sah sie einen Moment an und grinste, dann küßte er sie auf die Wange und ging im Wiegeschritt zur Tür. „Alles klar, Fremde", sagte er in seiner besten John-Wayne-Stimme, die nicht besonders gut war. „Ich schätze, das machen wir schon, kleine Lady, aber erst mal müssen wir unseren Arsch zum Viehauftrieb bewegen."

Jane lachte, mehr über ihn als mit ihm. „Na super, Cowboy."

Er tippte an die Krempe seines eingebildeten Huts. „Abschlag, morgen früh, acht Uhr", sagte er.

„Neun Löcher?"

„Achtzehn."

„Michael, du hast gesagt, ich wär' mittags wieder zurück . . ."

„Wir mieten uns Wagen. Es wird schnell gehen."

„Wagen?" protestierte sie. „Warum machen wir's dann überhaupt, wenn wir eh' keine Bewegung beim Spielen kriegen?"

„Bitte", bettelte er.

Sie zögerte. „Na gut."

„Ich hab' dich sooo liiieb", sagte er, korrigierte sich dann aber sofort und sagte mit tiefer Stimme: „Ich meine, ich liebe Sie. Mrs. Mancini. Ma'am. Bis bald."

Ein Bote brachte Alison an diesem Tag zwölf langstielige Rosen zur Arbeit. Amanda war gerade bei ihr, als die Rosen ankamen. Zunächst hatte Alison ihm gesagt, daß es sich um einen Irrtum handeln müsse. Also hatte er noch mal den Namen auf dem Lieferschein überprüft, aber es blieb dabei: Die Rosen waren für sie.

„Ich glaube es einfach nicht", sagte Alison verblüfft. Sie unterschrieb den Lieferschein und gab ihn dem Boten zurück.

„Alison, sie sind wunderschön", schwärmte Amanda. „Von wem kommen sie?"

„Vermutlich von meinem Vater", überlegte sie. „Er ist der einzige, der mir jemals zwölf Rosen geschickt hat, an dem Tag, als ich meinen Collegeabschluß gemacht habe." Sie klappte die Karte auf und las die Nachricht: „‚Für Alison von jemandem, dem du immer sehr viel bedeutet hast. Triff mich heute abend um acht im Shooters.'"

„Kein Name?"

Alison schüttelte den Kopf.

„Offensichtlich sind sie nicht von deinem Vater. Es ist ein heimlicher Verehrer."

„Oh, eigentlich nicht", widersprach Alison und wünschte sich im selben Augenblick, daß sie den Mund gehalten hätte.

„Was meinst du damit?"

„Nichts, vergiß es . . ."

„Los, Alison, wer ist es? Das ist spannend!"

„Na ja", sagte sie stockend. „Ich will ja keine Probleme machen, aber du hast letztens gesagt, daß ich vielleicht meine Gefühle für Billy prüfen sollte, und ich habe angefangen festzustellen, daß da vielleicht mehr ist, zumindest soviel, daß er und ich darüber reden sollten. Also habe ich ihm erzählt, daß wir miteinander reden sollten, weißt du, und ich schätze, er merkt auch, daß es da was zu klären gibt."

Amanda wich von den Blumen zurück. „Habt ihr?" fragte sie.

„Was?"

„Geredet."

„Ich gehe davon aus, daß wir das heute abend machen", sagte Alison. Sie sah zu Amanda auf, die wie vom Blitz getroffen schien. „Wirklich, Amanda — ich wollte auf keinen Fall was zwischen euch bringen. Vielleicht bleiben wir ja nur Freunde, aber wir müssen wenigstens mal die Karten offen auf den Tisch legen."

Amanda nahm den Ordner und schlug ihn auf, auf einmal ganz formell. „Alles klar, schön", sagte sie, obwohl eigentlich gar nichts klar oder schön war. „So, wenn du jetzt fertig damit bist, die Blumen zu bewundern, können wir weiterarbeiten. Vielleicht kannst du sie ja aus dem Weg räumen."

Wie konnte Billy so dämlich sein, wunderte sich Alison, und ihr Rosen zur Arbeit schicken? Warum stellte er sie ihr nicht zu Hause hin? Amanda wirkte plötzlich eiskalt, der Raum war spannungsgeladen. Sicher hatte Billy gewußt, daß das passieren würde. Hatte er es so gewollt? Aber die Dinge so zu beeinflussen, paßte eigentlich gar nicht zu ihm.

Jake dachte an Jo und an Billys Dilemma und daran, daß das Schönste an seiner Arbeit als Motorradmechaniker die Tatsache war, daß sie nichts mit Liebe zu tun hatte. Man konnte sich in ein Motorrad verlieben, aber es konnte die Gefühle nicht erwidern, so daß man nie zu lügen brauchte oder befürchten mußte, daß man jemanden verletzen könnte, oder Angst hatte, ein anderes Motorrad zu treffen und es eifersüchtig zu machen. Und das Allerbeste war, daß man ein Motorrad im Gegensatz zu einer Beziehung auseinandernehmen, es voll und ganz verstehen und es sogar wieder reparieren konnte, wenn es nicht richtig lief. Oder man konnte es verkaufen, wenn es völlig im Eimer war.

Er schraubte die Sitzbank einer '88er Harley wieder fest, als er seinen Boß, Rusty, kommen sah. Rusty machte ein Gesicht, als hätte er großen Kummer. Er wartete, bis Jake sich mit einem Lappen das Öl von seinen Händen gewischt hatte. Rusty machte nie große

Worte, meistens waren es eh' Flüche. Jake wartete darauf, daß der eine oder andere über seine Lippen kommen würde.

„Ich schätze, du hast es dir schon zusammengereimt", begann Rusty.

„Was zusammengereimt?" fragte Jake.

„Ich meine, wie der Laden läuft und so . . ."

Jake kriegte ein flaues Gefühl im Magen und merkte, wie er sauer wurde, auch wenn er nicht so wie sein Vater werden wollte. „Entläßt du mich?" fragte er und wurde lauter. „Sei ehrlich, Rusty, ich bin dein bester Mechaniker."

Rusty schüttelte den Kopf und sagte mit ruhiger Stimme: „Puh, beruhig dich, Mann. Ich entlasse alle, mich eingeschlossen." Er setzte sich auf die Harley und drehte liebevoll das Gas auf. „Die beschissene Bank verlängert den Kredit nicht mehr, Kumpel. Ich schätze, ich hab' nie ein Händchen für das Geschäft gehabt."

Jake war nicht gerade überrascht. Der erste Hinweis war schon vor Monaten gekommen, als eine Bestellung Motorräder, die sie erwarteten, nie ankam, sondern vom Hersteller zurückgehalten wurde. Er wußte nicht, was er sagen sollte. Ihm tat der Ältere leid. „Wann ist Schluß?"

„Heute", sagte Rusty.

Das flaue Gefühl wurde intensiver.

„Schluß mit dem Geschäft. Ich habe immer noch geglaubt, ich könnte einen Ausweg finden, weißt du? Sonst hätte ich vermutlich schon eher was gesagt."

„Tut mir leid, Rusty."

„Nein, mir tut's leid. Aber, tja, so was passiert." Rusty mußte etwas noch Unangenehmeres sagen. „Hör zu, ich weiß, daß ich dir noch ein paar Schecks schulde — ich kann sie dir nicht geben. Aber immerhin habe ich es hingekriegt, daß du dein Motorrad behalten kannst. Die Bank übernimmt das Darlehen, aber es bleiben dieselben Bedingungen wie bei mir. Du zahlst jetzt nur an sie."

„Danke", murmelte Jake.

„Ist doch klar", sagte Rusty und hielt Jake seine Hand hin. Jake ergriff und schüttelte sie.

„Ich bin froh, daß ich dich hatte, Jake. Du bist ein Wahnsinnsmechaniker. Wenn du jemals 'ne Empfehlung brauchst . . . Obwohl ich nicht weiß, ob die was wert wäre, von so 'nem alten Idioten wie mir."

Jake sah auf die Uhr. Es war früh, erst vier. Er kniete sich wieder hin und arbeitete an der Harley weiter. Einen Moment lang hielt er inne und überlegte, warum er das tat — warum er jetzt nicht einfach ging? Dann machte er weiter, weil das seine Arbeit war und er im Moment nichts anderes zu tun hatte. Motorräder gingen zwar von Zeit zu Zeit kaputt, aber sie enttäuschten einen eigentlich nie. Nicht so wie Menschen.

An diesem Abend ging Alison mehr als nur ein bißchen beklommen zum Shooters. Es war nicht voll, mitten in der Woche, aber kein Zeichen von Billy, so daß sie zur Theke ging, wo sie Rhonda und Terrence bei einem Drink traf. Sie fragte, ob sie sich zu ihnen setzen könnte, und sie zogen einen Stuhl für sie ran.

„Hey, Alison", sagte Rhonda. „Wie geht's? Du erinnerst dich doch an Terrence, nicht?"

„Sicher. Wie sieht's aus, Terrence?"

Terrence blinzelte Rhonda an. „Zur Zeit verflixt gut", antwortete er.

Rhonda nahm seine Hand und lachte.

Alison lächelte. „Habt ihr Billy gesehen?"

„Nein, seit heute morgen nicht mehr", sagte Rhonda.

Terrence sah auf die Uhr. „Baby, wir sollten uns besser auf den Weg machen, sonst kommen wir zu spät."

Rhonda nahm ihre Handtasche, während Terrence

die Getränke bezahlte. Sie lehnte sich vertraulich zu Alison rüber und senkte die Stimme. „Ich nehme Mr. Symphony hier mit zu 'ner Aufführung von experimentellem Tanz. Hoffen wir, daß er nicht schnarcht."

„Hoffentlich bis bald, Alison", verabschiedete sich Terrence und nahm Rhonda beim Arm.

„Viel Spaß."

Als der Barkeeper kam, bestellte Alison ein Lemon-Soda und sah auf die Uhr. Es war acht. Sie überlegte, wie lange sie wohl warten müßte. Billy war normalerweise pünktlich, eine seiner besten Eigenschaften. Eigentlich hatte er viele, und sie hatte den ganzen Tag darüber nachgedacht. Er war ehrlich, clever, talentiert, fröhlich, solidarisch, mutig, sauber und höflich: ein guter Pfadfinder. Vielleicht war es das, was sie anzog, weil sie sich auch für eine gute Pfadfinderin hielt — vielleicht ein bißchen altmodisch. Aber es gab noch mehr Gemeinsamkeiten zwischen ihnen. Sie besaßen beide einen Körper, und das gefiel ihr auch. Sie sah noch einmal auf die Uhr. Normalerweise kam er nicht zu spät.

Jake und Jo waren im Il Micio, einem italienischen Restaurant unten an der Straße, das zwar eine moderne Innenausstattung, aber eine altmodische Küche besaß. Hier gab es nicht dieses Nouvelle-Cuisine-Zeug, wo die Gerichte sehr übersichtlich sind: winzige Mengen Essen auf riesigen Tellern, die dreimal so viel kosten wie große Portionen auf normalen Tellern überall anderswo. Die Kellnerin schenkte ihnen noch einmal Kaffee nach, während Jo fortfuhr, Jake zu erzählen, wie ihr Tag gelaufen war.

„Es war so, alle drei Sechsjährigen heißen Mark. Ihr Vater heißt natürlich auch Mark, er hat diesen Knall mit dem Namen, was mir egal ist, genauso wie George Foreman alle seine Söhne George genannt hat, aber wenn du versuchst, alle diese Marks zusammenzutreiben, wissen sie nicht, wen du meinst. Mark eins, Mark zwei, Mark Twain — das ist ein Witz bei ihnen — jedenfalls, ich hatte diese Idee, Cowboy zu spielen, so daß ich ein Seil aus der Haushaltswarenabteilung geholt und sie für das Foto gefesselt hab'. Ihrer Mama hat's gefallen — und sie wollte, daß ich sie gefesselt lasse, während sie ihre restlichen Einkäufe macht. Nicht schlecht, was?"

„Puh", stöhnte Jake. „Kein Witz, oder?"

„Nee", sagte Jo, warf einen Blick auf die Rechnung und legte ihre Kreditkarte oben drauf. Sie gab der Kellnerin den Teller. „Was geht dir im Kopf rum, Jake? Es fällt genauso auf wie deine bezaubernde Nase."

„Ich weiß nicht", überlegte er. „Ich hab' nur grade dran gedacht, daß du das Geld von Charles nicht genommen hast."

„Was ist damit?" fragte sie, ohne beleidigt zu sein.

„Versteh das nicht falsch", bat er, „aber so was macht man nur, wenn man reich ist."

Sie trank einen Schluck Kaffee. „Nur weil ich dich zum Essen einlade, Jake, heißt das noch lange nicht, daß ich reich bin. Ich muß mir meinen Lebensunterhalt verdienen. Ich hab's dir gerade erzählt. Ich fessele Kinder im K-Markt."

„Du weißt schon, was ich meine."

„Nein, weiß ich nicht. Ich dachte, wir hätten uns verstanden. Irgendwo im tiefsten Innern ist Stolz das Wichtigste. So bin ich eben, Jake. Und du auch."

„Nein", sagte er. „Mir geht's ums Überleben. Ich bin stolz, aber ich denke vor allem ans Überleben. Du hast Geld weggeworfen."

„Du weißt, daß das Quatsch ist, Jake. Ich hab' ein altes Leben weggeworfen, um ein neues zu beginnen. Ich weiß, daß du das verstehst."

Er merkte, daß er eine Serviette in ein kleines, festes Dreieck gefaltet hatte, während sie geredet hatte. Er hörte damit auf. „Ja, vielleicht tu' ich das."

„Du bist komisch heute abend", stellte sie fest. „Was ist los?"

Das war noch etwas, was er an Motorrädern liebte — sie errieten nie, worüber man gerade nachdachte. „Ich hab' keine Arbeit mehr. Der Laden ist dicht. Finito. Ende vom Lied. Offensichtlich hatte Rusty keine Ahnung, wie man ein Geschäft führt."

„O nein. Mensch, Jake, das tut mir leid."

„Tja, nun, sobald ich mich dran gewöhnt habe, geht's mir bestimmt wieder besser. Verdammt, das Blöde ist, mir hat der Job richtig Spaß gemacht. Ich hab' fast jeden anderen Job bisher gehaßt, aber der war gut. Und keiner sucht heutzutage Mechaniker für Motorräder."

Sie beugte sich zu ihm hinüber und nahm seine Hände. „Hör zu", versuchte sie ihn zu trösten. „Das wird schon wieder. Du wirst irgendwas finden. Mechaniker werden gebraucht, und du bist einer der besten. Es werden immer mehr Motorräder verkauft. Nur nicht bei Rusty. Du hast Köpfchen, du hast Ideen, und verdammt, du hast auch Freunde wie mich. Was willst du mehr?" Sie lehnte sich über den Tisch und gab ihm einen lauten Kuß auf die Stirn, genau in dem Moment, als die Kellnerin kam.

„Danke", sagte Jake.

„Tut mir leid, Miss", unterbrach die Kellnerin und gab Jo ihre Karte zurück. „Ihre Karte ist ungültig." Sie wartete.

Jo sah Jake an. Beide konnten nicht anders, als über die Ironie des Schicksals zu grinsen.

„Äh", fragte Jo, „hast du 'n bißchen Geld dabei?"

Sie brachen beide in lautes Gelächter aus. Zusammen hatten sie genug für die Rechnung und ein Trinkgeld und behielten ganze fünfundzwanzig Cents über.

„Los", schlug Jo vor. „Wir suchen uns einen Kaugummiautomaten und verschleudern den Rest unseres Schotters, solange wir noch jung sind."

185

Es war nicht Billys Art, jemanden warten zu lassen, aber es war auch nicht Alisons Art zu gehen, bevor sie nicht dem anderen wenigstens eine halbe Stunde eingeräumt hatte. Deshalb bestellte sie noch ein zweites Lemon-Soda, nahm sich einen Bierdeckel und kritzelte ein paar Ideen für die Kampagne drauf, um die Zeit totzuschlagen. Wenn jemand ihr über die Schulter geblickt hätte, hätte er sich bestimmt gewundert, warum sie an der Theke saß und Damenunterwäsche zeichnete.

Plötzlich hielt ihr jemand die Augen zu.

„Ach Billy, hör auf", sagte sie genervt. „Das muß jetzt wirklich nicht sein."

Die Hände wurden weggenommen, und die Person, zu denen sie gehörten, setzte sich auf den Hocker neben ihr.

Es war Keith.

Zuerst war Alison viel zu schockiert, um irgend etwas zu sagen. Sie fragte sich, ob sie gerade eine Halluzination oder einen Flashback in die Sixties hätte. Obwohl sie erst ein Jahr alt war, als die Sixties vorbei waren.

Er lächelte sie verlegen an. „Es ist nicht Billy, ich bin's. Ich hoffe, daß du nicht allzu enttäuscht bist."

Sie hätte gerne gelacht, obwohl sie wußte, daß das kein Witz war. „Keith, was machst du hier?" fragte sie schließlich.

„Ich weiß nicht", sagte er. „Vielleicht mache ich mich gerade zum Narren. Im Grunde muß ich immer an dich denken." Er war nie jemand gewesen, der ein Blatt vor den Mund nimmt. „Du hast mir immer sehr viel bedeutet, Alison . . ."

Sie legte schnell einen Fünf-Dollar-Schein auf die Theke, um zu bezahlen und abzuhauen, bevor sie die Kontrolle verlor. Als sie jedoch einen Augenblick lang überlegte, erinnerte sie sich daran, wie sie immer wieder im Bett gelegen hatte und von dem Tag, an dem

Keith zurückkommen würde, geträumt hatte. Sie hatte sich ihr erstes Treffen auf der Straße in Erinnerung gerufen und die Stunden voller Verlangen, die sie miteinander verbracht hatten, und die Pläne, die sie geschmiedet hatten, bis seine Frau aufgetaucht war und den Traum zerstört hatte. Sie hatte ihm gesagt, daß sie ihn nie wiedersehen wollte, und damals hatte sie gedacht, daß sie das auch so meinte. Danach vermißte sie ihn eben und sehnte sich ab und zu danach, ihn wiederzusehen — aber das war ja wohl normal.

„Ich hab' dir gesagt, daß es aus ist, und ich hab's auch so gemeint, Keith", sagte sie ruhig. Sie stand auf. „Ich geh' jetzt nach Hause, und ich werde so tun, als wär' nichts passiert. Tschüß. Und dieses Mal meine ich es auch so."

„Alison, ich möchte nur mit dir reden . . ."

Sie hörte seine Stimme hinter sich, aber sie sah sich nicht um, als sie die Tür aufdrückte und auf die Straße ging. Die Geschäfte hatten noch bis neun Uhr geöffnet, einige sogar bis zehn, aber trotzdem waren die Bürgersteige verlassen. Sie hörte hinter sich Schritte.

„Verdammt, Alison, bitte!" hörte sie ihn rufen. „Ich liebe dich immer noch. Und ich glaube, daß du mich auch noch liebst. Das ist doch alles, was zählt."

Sie verlangsamte ihre Schritte nicht, war so sauer wie lange nicht mehr. Wie konnte er es wagen, wieder in ihr Leben zu platzen und zu hoffen, daß alles wieder in Ordnung sein würde? „Ehrlichkeit zählt", rief sie über ihre Schulter, „und die Wünsche des anderen zu respektieren . . ."

„Da ist noch was! Da ist noch was, was ich dir noch nicht erzählt habe, und du . . ."

Sie blieb stehen und drehte sich um, um ihn anzusehen. „Ja, was Wichtiges, nämlich, daß du verheiratet bist!"

„Das ist nicht mehr aktuell, Alison", sagte er. „Ich bin

geschieden. Das einzige, was unserem Glück jetzt noch im Weg steht, bist du."

Er war geschieden? Das müßte ja wohl alles ändern? Na ja . . . eigentlich tat es das auch, aber es veränderte ihn nicht, den nie um Ausflüchte verlegenen, doppelzüngigen Schuft. Obwohl er zu der Art der süßen doppelzüngigen Schufte gehörte . . .

„Mach mir keine Vorwürfe", entgegnete sie. „Mir nicht! Versuch's gar nicht erst. Ich war ehrlich zu dir, was meine Gefühle anging, was ich für mein Glück brauchte. Und was tust du? Du wartest drei Monate und lockst mich dann zu diesem Treffen. Da kriege ich nicht gerade den Eindruck, daß du mich jetzt mehr respektierst als vorher."

„Wenn ich dich angerufen hätte, hättest du dich dann mit mir getroffen? Hättest du?"

Sie dachte über seine Frage nach. Natürlich hätte sie nicht, weil sie Angst gehabt hätte, daß er sich mit seinem Charme wieder in ihr Leben mogelte, genauso, wie er es jetzt tat.

„Nein, du hättest dich nicht mit mir getroffen", betonte er. „Und bist du jetzt glücklich, wo du mich los bist? Hmmm? Vermißt du mich nicht? Ich vermisse dich tierisch. Ich starre dein Foto an, ich sitze jeden Abend vor dem Telefon, um dich anzurufen, aber tue es dann doch nicht, weil du mich nicht willst und ich nicht weiß, warum, wo ich doch gar nicht mehr verheiratet bin und dich liebe." Er trat auf sie zu, und seine Stimme und sein Gesichtsausdruck wurden sanfter. „Was ist los? Liebst du mich nicht mehr? Hast du mich nie geliebt? Was?"

Das einzige, was schlimmer als das Ende einer Affäre war, war die Vorstellung, es hätte sie nie gegeben. Ihn nie geliebt? Sie hatte nie jemanden so sehr geliebt. Sie hatte versucht, sich einzureden, daß das nicht stimmte, und trotzdem schaffte sie es nicht, ihn weniger zu lieben — nicht einmal ein kleines bißchen, weil sie sich an den Schmerz klammerte und die Wunden immer wieder aufriß, denn sobald sie einmal verheilt wären, würden sie für immer verschwunden sein. Offensichtlich waren sie noch nicht verheilt, weil der Schmerz sie auf einmal wieder durchströmte. Aber so war eben die Liebe.

„Natürlich habe ich nie aufgehört, dich zu lieben", sagte sie und fühlte, wie ihr die Tränen in die Augen stiegen. Das letzte, was sie wollte, war, daß er sie weinen sah und wußte, daß er immer noch Macht über sie hatte. „Verdammt, Keith." Den Schmerz kannte sie. Und immer wenn sie ihn gefühlt hatte, hatte sie gewußt, daß es nur eine Möglichkeit in der Welt gab, wodurch er gelindert werden könnte. Hier war sie nun, stand vor ihr.

Sie warf sich in seine Arme und weinte.

11

Dynamisch, clever, gutaussehend

Stimmen in der Eingangshalle. Stimmen, die auf dem Hof widerhallten. Zwei Menschen, die leise flüsterten, zwei Schatten an einer Stuckwand, Schatten zwischen den Palmwedeln im rotgrünen Licht des Patios.

„Danke für die Blumen."

„Nichts zu danken. Kann ich dich wiedersehen? Bald?"

„Ja. Ich glaube, das fände ich schön."

„Ich auch."

„Aber du mußt verstehen — ich kann mich nicht sofort wieder in eine Beziehung mit dir fallenlassen. Wir müssen ganz neu anfangen."

„Das ist schön, wunderbar. Das ist genau das, was ich will."

„Ich möchte das auch."

„Kann ich dir einen Gutenachtkuß bei unserer ersten Verabredung geben?"

„Okay."

„Zählt heute auch schon?"

„Sicher . . ."

„Hallo, Alison."

„Ich muß reingehen."

„Okay, ich ruf' dich morgen an, ist das in Ordnung?"

„Sicher. Gute Nacht, Keith."

„Gute Nacht, Alison."

Billy saß auf der Couch, Licht und Fernseher waren ausgeschaltet. Meistens war das ein Zeichen dafür, daß er sich über irgend etwas Sorgen machte.

„Da bist du ja endlich!" rief er. „Mensch, Alison, was zum Teufel ist eigentlich los?"

„O nein, oh, Billy, es tut mir so leid." Sie hatte gar nicht gemerkt, wie spät es geworden war. „Wir wollten ja eigentlich heute abend reden . . ."

„Ja, das wollten wir eigentlich", tobte er. „Aber vergiß es einfach. Als ich nach Hause kam, kriegte ich 'nen Anruf von Amanda. Sie ist total sauer auf mich, weil ich dir Rosen geschickt haben soll! Ich erzähle ihr, daß ich keinen Schimmer habe, wovon sie redet, und sie erzählt mir, was heute bei der Arbeit los war, und daß du ihr erzählt hast, daß ich sie geschickt hätte, und nachdem sie aufgelegt hat, habe ich hier ziemlich lange gesessen, weil du dich einfach nicht blicken läßt und dir darüber klar wirst, daß du völlig psychotisch bist und dir die Blumen selbst geschickt hast, nur um mein Leben zu versauen! Scheiße, Alison — ich glaub', ich habe so was schon mal in 'nem Spätfilm gesehen, und da mußten sie ihr einen Holzpflock ins Herz stoßen und sie nach Mitternacht in die Donau schmeißen!"

Alison war in einer viel zu sonderbaren Stimmung, als daß sie sich über Billys Beleidigungen oder Anschuldigungen hätte aufregen können, obwohl es ihr leid tat, daß sie ihm Ärger gemacht hatte. „Es war ein Fehler", gab sie zu und setzte sich zu ihm auf die Couch.

„Keine Witze jetzt."

„Sie kamen von Keith."

Billy war schockiert. „Von Keith?" fragte er. „Wow. Und?"

„Willst du das wirklich wissen?"

„Unbedingt. Ich platze vor Neugier. Soll ich Popcorn machen, damit's so 'n richtiger Tratsch wird?"

„Kann ich vorher noch mal ins Bad gehen?"

Im Badezimmer spritzte sie sich Wasser ins Gesicht, putzte sich die Zähne und zog ihren Flanellbademantel und ihre Hausschuhe an. Als sie zurückkam, hatte Billy tatsächlich in der Mikrowelle Popcorn gemacht, was dem Ganzen das I-Tüpfelchen aufsetzte. Sie holte eine Dose Sodawasser aus dem Kühlschrank und setzte sich zu ihm auf die Couch. Billy schlug vor, daß sie loslegen sollte. Er hatte seinen Teil schon gesagt und verlangte jetzt eine Erklärung.

„Na ja", fing sie an, „erst mal fand ich's zwischen uns in letzter Zeit ziemlich kompliziert, und ich schätze, dir ging's auch so."

Er zuckte mit den Schultern.

„Jedenfalls war ich seit der Trennung von Keith ziemlich einsam, und ich glaube, ich hab' meine Gefühle so 'n bißchen auf dich übertragen. Wenn du mit jemandem Schluß machst, hast du auf einmal niemanden mehr, zu dem du nett sein kannst, und es tut weh, weil du so gute Vorsätze hattest und sie nun nirgendwo mehr anbringen kannst. Zu dir nett zu sein hat das irgendwie kompensiert, oder so ähnlich. Es hat verhindert, daß ich mich in die Sache mit Keith noch mehr reinsteigert hab' und daran kaputtgegangen bin."

„Ich fand, daß du in letzter Zeit ganz besonders nett zu mir warst", stimmte er ihr zu. „Wenigstens bis vor kurzem."

„Tja, vielleicht ist das der Grund. Tut mir leid. Ich meine, was mit mir zu haben, also mehr als mit mir befreundet zu sein, ist vermutlich das letzte, woran du interessiert bist." Sie hätte nicht sagen können, was für eine Antwort sie erhoffte.

„Na ja, schon eher, als mich vor einen Zug zu schmeißen. Vielleicht auch viel eher", sagte er.

„Genau das habe ich erwartet." Irgendwie klang es aber immer noch wie ein Kompliment. Wie auch immer. „Jedenfalls", fuhr sie fort, „habe ich Keith getroffen. Er ist jetzt geschieden, und wir wollen noch mal von vorn anfangen, glaube ich." Billy hatte Keith nie gemocht. Wenn man es sich genau überlegte, hatte niemand außer ihr Keith wirklich gemocht. „Reg dich nicht auf, ja?"

Billy nahm die Fernbedienung und schaltete den Fernseher ein. David Letterman machte sich über eine Frau lustig, die noch wie ihre Urgroßmutter kochte. „Warum sollte ich mich aufregen?" fragte er. „Ich klär' das mit Amanda. Ich hoffe, daß es mit Keith dieses Mal besser klappt."

„Findest du, daß ich verrückt bin?" wollte Alison wissen. Er schaltete den Fernseher aus und stand auf.

„Wir sind doch alle verrückt, Alison. Alle, die ich kenne. Ich hau' mich besser aufs Ohr. Nacht."

„Nacht."

Nachdem er gegangen war, lehnte sich Alison auf der Couch zurück. Sie schaltete den Fernseher wieder ein und drehte die Lautstärke runter. Letterman schielte in die Kamera, nachdem er irgend etwas gekostet hatte. Vielleicht war jeder verrückt, überlegte sie. Wenn das so war, bräuchte sie sich auch nicht so viel Sorgen darüber machen, daß sie offensichtlich wahnsinnig wurde. Aber wenn alle verrückt waren, wer trug dann die Verantwortung? Und wenn die Irren am Drücker waren, war es vielleicht höchste Zeit, die Jalousien runterzulassen, die Türen abzuschließen, das Licht zu löschen und sich ganz ruhig zu verhalten.

Warum bin ich nur so ein Feigling, wenn es um Gefühle geht? fragte sie sich.

„Ich weiß nicht", rief Billy ihr aus dem Badezimmer zu. „Wenn mir 'ne Antwort einfällt, sag' ich's dir morgen."

„Ich hab' nicht mit dir geredet", stellte sie richtig.

„Ich rede mit mir selbst. Scheint jedenfalls so. Ich bin wahnsinnig. Ich bin's wirklich."

Jake träumte. In seinem Traum war er sieben Jahre alt. Er saß am Küchentisch und spielte mit seinem Vater

Dame. Die Hände seines Vaters waren alt und rissig, die Hände eines Arbeiters. Er trug ein fleckiges, ärmelloses Unterhemd. Hinter ihm stand eine Frau in einer engen Bluse und in Shorts. Es war Jakes Mutter. Sein Vater setzte einen Stein.

„Du bist dran, Jake."

„Ich hab' gehört, daß sie drüben im Werk in Kelsey Leute suchen", sagte seine Mutter.

„Du willst Geld, du Schlampe?" entgegnete sein Vater. „Dann geh doch und such dir selbst 'nen verdammten Job."

„Paß auf, was du in seiner Gegenwart sagst."

„Warum sollte ich? Er hört den ganzen Tag, wie du mich fertigmachst. Setz den verdammten Stein, Jake."

„Laß ihn in Ruhe."

„Wenn du und die Bälger nicht wären, müßte ich nicht einen dieser sinnlosen Jobs annehmen." Mit einer Handbewegung fegte sein Vater die Damesteine von dem rotschwarzen Brett. Jake wollte sagen, daß es ihm leid tat, wenn sein Vater nur wegen ihm all die Jobs, die er so haßte, annehmen mußte, aber er kriegte kein Wort raus. Aus irgendeinem Grund konnte er nicht sprechen.

„Du bist 'n toller Kerl, arbeitslos und läßt es an 'nem Kind aus", sagte seine Mutter.

„Schnauze!"

„Du bist ein nutzloser Bastard und bist es immer schon gewesen."

„Ich muß hier nicht rumsitzen und mir das anhören", schrie sein Vater und stand auf.

„Ein Feigling bist du, was anderes als wegrennen kannst du nicht", kreischte seine Mutter, als sein Vater ging und die Tür hinter sich zuknallte. Jake hörte, wie das Auto seines Vaters angelassen wurde. Er wollte aus vollem Halse schreien. „Geh nicht! Bitte geh nicht!" Aber immer noch kriegte er keinen Laut raus, als ob die

Worte in seinem Hals feststeckten. Er erstickte an ihnen. Er konnte nicht atmen.

„Jake, alles in Ordnung?" fragte Jo besorgt. Sie strich mit den Fingern durch seine Haare und küßte seine Augen. Er war atemlos, keuchte und setzte sich im Bett auf. Er versuchte, ruhiger zu werden, als der Traum verschwand und er merkte, wo er war.

„Ja, ja, alles klar", sagte er und küßte sie auch. „Nur ein schlechter Traum."

„Meine Güte, du bist ja völlig verschwitzt. Hast geschrien. Geh nicht, bitte geh nicht. Es muß schrecklich gewesen sein."

„Ich weiß nicht", murmelte er, während sich der Nebel langsam auflöste. „Ich schätze schon."

„Ich bleib' bei dir. Wenn das hilft."

„Es hilft. Aber es hatte nichts mit dir zu tun. Ich hab' so was manchmal. Es handelt immer von meinem Alten. Ich glaube, als er schließlich abgehauen ist. Vielleicht ist es nur ein Traum, oder vielleicht ist's auch wirklich passiert."

„Wenn es dich beunruhigt, sollten wir vielleicht darüber reden", schlug sie vor.

„Ist nicht so wichtig", sagte er. „Er war ein Rumtreiber, weißt du. Er war ein Wrack. Ich schätze, daß ich Angst davor hab', so zu werden wie er."

„Das tust du doch gar nicht", versicherte Jo ihm. „Nicht mehr, als ich meiner Mutter gleiche. Verdammt, wenn ich so wäre wie sie, hätte ich mich schon längst umgebracht." Sie gab ihm noch einen Kuß und streichelte seine Wange.

„Du bist verrückt", bestätigte er, „aber, Gott sei Dank, ziemlich lebendig."

Sie legten sich beide wieder hin. Jo bettete ihren Kopf auf Jakes Brust.

„Ich versteh' nur nicht, wie Rusty den Laden so versaut hat", sann Jake nach. Er hatte darüber schon den ganzen Tag nachgedacht. „Verdammt, was würde ich aus dem Laden machen. Du hast recht – Motorräder laufen besser als jemals zuvor. Vor allem Familienväter in der Midlife-crisis kaufen diese riesigen Angebermaschinen. Er hat sich nie um das Lager gekümmert. Ein Händler hat Rennverkleidungen zu Dumpingpreisen verkauft, und Rusty hat sie trotzdem weiter gekauft. Er muß 'n Vermögen bei diesem Deal verloren haben. Außerdem war er ein beschissener Mechaniker. Er hat mal vier Tage an 'ner Sache gearbeitet, für die ich einen Vormittag gebraucht hätte." Er starrte an die Decke.

„Jake . . .", fing Jo an, aber Jake war in Gedanken ganz woanders.

Plötzlich setzte er sich kerzengerade im Bett auf. „Warte mal 'ne Minute. Nur 'ne Minute. Mensch."

„Was?" wollte sie wissen. „Was ist los?"

„Ich glaube nicht nur, daß ich den Laden schmeißen könnte, ich weiß es. Ich meine, ich glaub', daß ich weiß, daß ich's kann. Was meinst du? Traust du mir das zu?"

„Ich wüßte keinen Grund, warum nicht."

Er ließ sich die Idee noch mal durch den Kopf gehen. Schließlich hatte er nicht viel zu verlieren. Wer nicht wagt, gewinnt auch nicht.

„Alles klar", sagte er schließlich. „Alles klar. Zum Teufel, dann mach ich's. Er ist zu verkaufen, Jo. Zu einem Schleuderpreis." Er ließ sich zurücksinken und zog Jo auf sich.

„Weißt du was?" fragte sie. Sie küßte ihn. „Du bist erstaunlich. Das ist glasklar. Natürlich kannst du das. Das ist doch wohl klar."

Jane hatte das Interesse an Golf verloren, als sie einmal damit begonnen hatte, sich für Mode zu interessieren. Es war ihr klargeworden, daß Golf und Mode nicht zusammenpaßten und sich gegenseitig ausschlossen.

Was war es bloß, das Menschen dazu brachte, sich wie Circusclowns oder Zuhälter anzuziehen, sobald sie Golf spielten? Vielleicht lag es daran, daß die Natur beim Golf so künstlich wirkte — schließlich durfte der einzige Teil eines Golfplatzes, der einigermaßen natürlich aussah, nicht betreten werden. Und in dieser Umgebung versuchten Menschen, andere künstlich wirkende Lebewesen, wie zum Beispiel den Pfau, nachzuahmen. Sie ließen ihre grauen Anzüge zu Hause, kamen in den Club, zogen sich um und gaben sich locker. Dr. Levin trug hellgrüne Kniebundhosen. Seine Frau (auch für den Fall, daß Janes Theorie sexistisch war — auch Frauen konnten auf dem Golfplatz schlechten Geschmack beweisen) trug rote Leggins aus Lycra unter hellgrünen Shorts, dazu ein rosafarbenes, sackartiges Top und ein orangenes Gummiband, das ihre blondierten Haare zurückhielt. Gegenüber der gediegenen Architektur des Maple-Ridge-Clubhauses und der pseudo-ländlichen Atmosphäre fiel ihre schrille Kleidung völlig aus dem Rahmen, aber offensichtlich waren alle so angezogen. Dr. Levin schlug Michael auf die Schulter, als sie beim ersten Tee wartete.

„Das ist ein Platz, was, Mancini?" fragte Levin.

„Er ist wunderschön, wirklich wunderschön", stimmte Michael ihm zu. „Findest du nicht auch, daß er wunderschön ist, Jane?"

„Mmm-hmm", antwortete sie.

„Persönlich", vertraute Erika Jane an, zu der sie sich hinüberbeugte, als wären sie schon ihr ganzes Leben dicke Freundinnen, „gefällt mir das gesellschaftliche Leben und die Wohltätigkeitsarbeit im Club am besten."

„Die Mädel haben immer was zu tun", sagte Levin. Niemand hatte Jane mehr ein Mädel genannt, seit — na ja, seit sie eins gewesen war. „Was halten Sie davon, Doktor? Sollen wir den Damen ein paar Löcher Vorsprung geben, damit sie auch eine Chance haben? Einen Kampf zwischen den Geschlechtern daraus machen?"

„Oh, ich bin mir nicht ganz sicher", zögerte Michael. „Ob wir ihnen einen Vorsprung geben sollten."

„Mir gefällt Ihr Stil, Doktor", stellte Levin fest.

Jane nahm einen Driver aus ihrer Golftasche. „Wirklich, das wird nicht erforderlich sein", pflichtete sie Michael bei.

„Seien Sie nicht albern", widersprach Erika. „Natürlich nehmen wir den Vorsprung. Ein Mädchen braucht alle Vorteile, die es kriegen kann, wenn es mit euch Männern zu tun hat."

Ihr idiotischer Ehemann lachte wieder. „Wir schlagen von hier und treffen euch dann am Damen-Tee", sagte Levin.

„Ich schlage von hier, danke", widersprach Jane. Levin wirkte schockiert, ebenso seine Frau. Jane stützte sich mit beiden Händen auf den Golfschläger wie ein Musketier auf seinen Säbel. „Erika kann von den Damen-Tees schlagen, wenn sie will, aber ich bin damit aufgewachsen, ehrlich zu spielen, und bin zu alt, um jetzt noch umzulernen."

„Meine Güte", sagte Levin und drehte sich zu Michael um. „Ihr Stil gefällt mir auch. In diesem Fall, Ladies first." Er verbeugte sich in Janes Richtung. Sie legte den Ball auf das Tee und schlug mit gleichmäßigem, natürlichem Schwung zu, woran sie nie hatte arbeiten müssen. Der Ball landete zweihundert Meter weiter in der Mitte des Fairways.

Sie drehte sich zu Levin um. „Sie werden weiter driven", räumte sie ein. „Aber Sie sollten besser in der Mitte des Fairways bleiben, wenn Sie mich überrunden wollen."

Levin wirkte ein bißchen nervös. „Sie haben also schon einmal gespielt?"

Jane nickte, als sie den Driver wieder in der Tasche verstaute. „Gelegentlich."

Jo half Jake beim Anziehen. Der Mann von der First Sacramento Savings and Loan Bank hatte gesagt, daß er mittags für ihn Zeit haben würde. Jake war nervös, aber er vertraute auf Jos Urteil. Sie hatte eine hellbraune Bundfaltenhose, ein blaues Oberhemd und eine braune Krawatte herausgesucht.

„Siehst du", sagte sie zufrieden. „Ich finde, daß das blaue Hemd den Eindruck vermittelt ‚Ich ziehe mich bewußt lässig an'. Aber wenn du ein weißes Hemd tragen würdest, säh's so aus, als wär' das alles, wozu du in der Lage bist."

„Was für einen Eindruck macht die braune Krawatte?"

„Überhaupt keinen. Sie paßt zu einem starken, ruhigen Typen."

„Paßt das Jackett dazu?"

„Es muß. Schließlich ist es das einzige, das du hast. Mach dir keine Sorgen, es wird gut aussehen. Wenn du einen navy-farbenen Blazer anhättest, sähst du wie ein Konfirmand aus, und das willst du ja wohl nicht. Du willst wie ein unglaublich schlauer und verantwortungsbewußter Motorradmechaniker aussehen." Sie trat einen Schritt zurück, um sich das Ergebnis anzusehen. „Die von der S- und L-Bank werden dich mögen."

„Ja, aber werden sie mir auch einen Kredit geben?"

„Warum nicht? Sie haben Rusty doch auch einen gegeben, oder?"

„Das ist ja nicht besonders ermutigend."

Jo umarmte ihn. „'tschuldige, war nur 'n Witz. Du wirst den Kredit kriegen, weil du dynamisch, gutaussehend und clever bist. Los, laß uns fahren. Ich muß zur Arbeit, und du mußt ihnen zeigen, was 'ne Harke ist." Sie küßte ihn noch einmal. „Denk dran. Es ist glasklar."

Jane mußte zugeben, daß der Golfplatz herrlich war. Ihr Spiel war zu Anfang noch ein bißchen eingerostet, aber sie konnte Michael noch immer schlagen. Langsam wurde sie besser, so daß sie beim fünfzehnten Grün Erikas Vorsprung eingeholt hatte und sie gleichstanden. Michael und Levin schienen großartig miteinander auszukommen, was gut war, wie Jane wußte, weil Michael Levins Hilfe brauchen würde, wenn er im Krankenhaus nach oben kommen wollte. Sie und Michael hatten sich über die Notwendigkeit unterhalten, mit Leuten aus dem Krankenhaus zu verkehren, gut Freund mit ihnen zu sein, sie zu Abendgesellschaften einzuladen und mit ihnen sooft wie möglich auszugehen. Sie wußte, daß es manchmal erforderlich war, anderen die Füße zu küssen, aber es mußte ihr ja nicht unbedingt gefallen. Vielleicht mochten sich Michael und Levin wirklich. Sie konnte von sich und Erika nicht dasselbe behaupten.

„Gut eingeputtet", lobte Levin Michael, als sie seinen Schlag beim fünfzehnten Grün überprüften, der etwa drei Meter weit und seitlich den Hang hoch ging. „Irgendein Rat, Partner?"

„Fällt nach rechts ab", überlegte Michael. „Ich würde ihn fünf Zentimeter über dem Loch halten."

„Ich werd's versuchen", sagte Levin. „Wenn ich daneben treffe, kann ich nur versuchen, Sie mit Ihren eigenen Tricks zu schlagen."

„Aus diesem Grund kriegen Männer Herzinfarkte", flüsterte Erika Jane zu. „Konkurrenzdenken."

Jane lächelte schwach.

„Wissen Sie", fuhr Erika fort, „wir haben ein paar Mädels in Ihrem Alter in unserer Gruppe. Wenn Sie zwei Mitglied werden, müssen Sie zu uns kommen. Wir werden eine Mordsgaudi haben."

Gute Idee, dachte Jane — Mord?

„Meine Damen", unterbrach sie Levin. „Dame" war der Ausdruck, den Jane nach „Mädel" am zweitwenigsten mochte. „Schluß mit dem Geschwätz. Ich versuche zu putten, wenn ihr nichts dagegen habt."

„Uuups, entschuldige." Erika kicherte.

Levin wartete noch etwa fünf bis sechs Tage, bevor er puttete. Der Ball fiel vom Rand des Lochs hinein, worauf Levin einen kleinen Freudentanz aufführte. Er war mit fünf Schlägen zu Michael in Vorsprung gegangen.

„Guter Putt, Doktor", urteilte Michael anerkennend.

„Guter Rat, Doktor", entgegnete Levin und drehte sich zu Jane um. „Den müssen Sie aber schaffen, wenn Sie mich einholen wollen, junge Dame." Jane hatte einen schwierigen, etwa drei Meter weiten Putt den Hügel hoch vor sich.

Als sie sich den Ball zurechtlegte, trat Erika an ihre Seite und wisperte: „Lassen Sie sie gewinnen, ja? Sie müssen immer so hart arbeiten."

Jane sah Erika an. Sie war noch nie zuvor einer Frau aus dem achtzehnten Jahrhundert begegnet und hatte sich immer gefragt, wie so eine wohl aussehen würde. Sie war sich nicht sicher, was sie sagen sollte, so legte sie einen Finger auf den Mund, um anzudeuten, daß sie Ruhe benötigte. Sie konzentrierte sich auf den Ball, stellte sich den Putt kurz im Kopf vor und schlug dann. Der Ball fiel genau in die Mitte des Lochs.

„Glückstreffer", hörte sie Levin Michael zuflüstern.

„Läuft ja gut, Liebling." Michael klang unehrlich. Der Wettkampf hatte ihn auch gepackt, genau wie Erika vorhergesehen hatte.

Jane stieg neben Mrs. Dr. Levin in den Wagen.

„Sehen Sie", sagte Erika. „Sie sind genau wie Kinder."

„Manchmal sind sie das wirklich", stimmte Jane zu.

Der Verantwortliche für Kreditangelegenheiten bei der First Sacramento hieß Andrew Eigenrac, er sah gelangweilt aus, als er den Chop-Shop-Ordner durchblätterte. Jake saß ihm gegenüber. Er war sich nicht sicher, was der andere suchte, und wartete nervös. Vielleicht war der Laden in so einer finanziellen Krise, daß ihn kein Kredit mehr retten konnte. Vielleicht wäre es schlauer, noch einmal von Grund auf neu anzufangen, obwohl der Chop Shop eigentlich einen guten Ruf und einen festen Kundenstamm hatte. Vielleicht wußte er gar nicht, was er da tat. Nach längerem Warten wandte sich der Angestellte ihm zu.

„Nun ja", sagte er schließlich. „Ich befürchte . . ." Er las noch ein, zwei Sätze. „Das Problem ist . . ." Er überprüfte noch ein, zwei Dinge. Jake wurde langsam wahnsinnig. „Es tut mir leid, Mr. Hanson, aber das Hauptproblem ist, daß Sie keine Sicherheiten haben. Es gibt noch andere Probleme, aber das ist das größte."

„Meine Sicherheit", entgegnete Jake, der sich an Jos Rat erinnerte, nicht aufzugeben, auch wenn die erste Reaktion ein Nein war, „ist mein Geschäftstalent und mein Sachverstand als Mechaniker. Ich kenne den Betrieb in- und auswendig, und ich kenne mich mit Motorrädern sogar noch besser aus als mit dem Laden. Nur weil er bisher ein schlechtes Management hatte, muß das noch lange nicht heißen, daß er nicht Profit abwerfen kann. Ich habe aus Rustys Fehlern gelernt."

Der Mann lächelte Jake geduldig an. „Aber es ist doch so: Sie haben keine Erfahrung damit, ein Geschäft zu führen, und Sie haben keine Kreditgeschichte — abgesehen von dem Motorrad, das Sie bei uns abbezahlen." Er warf noch einmal einen Blick in den Ordner. „Die Bank würde 25 Prozent des Kaufpreises in bar benötigen, um über Ihren Kredit überhaupt nachzudenken. Es tut mir leid."

„Aber diese Bank hat Rusty doch auch einen Kredit gegeben, um den Laden erst mal aufzumachen. Mit mir gehen Sie ein viel geringeres Risiko ein . . ."

„Das war in den achtziger Jahren", entgegnete der Angestellte. „Diese geplatzten Kredite hätten Sacramento damals fast das Genick gebrochen. Es tut mir leid. Was wir damals gemacht haben, können wir uns heute nicht mehr leisten. Wir hätten es auch damals nicht tun sollen."

„Trotzdem vielen Dank", sagte Jake. Er stand auf, um zu gehen, als Andrew Eigenrac sich räusperte.

„Ach, übrigens, Mr. Hanson." Jake drehte sich noch einmal zu ihm um. „Ich entnehme diesem Ordner außerdem, daß Rusty die Zinsen auf Ihr Motorrad viel zu niedrig angesetzt hat."

„Was?"

„Offensichtlich hat er von Ihnen nicht das verlangt, was wir ihm berechnet haben", erklärte Eigenrac. „Noch ein Bereich, in dem er in Rückstand geriet. Wir schicken Ihnen in Kürze die Zahlungsunterlagen mit den angeglichenen Beträgen."

Jake hätte gerne irgend etwas von dem Schreibtisch des Mannes genommen und zerschlagen. Er lächelte heuchlerisch.

„Vielen Dank noch einmal", verabschiedete er sich und ging.

Alison sah Amanda im Innenhof, als sie vom Mittagessen zurückkam. Der neue Pförtner war ein junger Mann mit einem Ohrring im linken Ohr. Alison dachte kurz darüber nach, wie komisch es war, daß sie selbst noch vor knapp drei Monaten an diesem halbrunden Schreibtisch gesessen hatte. Sie rannte, um Amanda noch zu erwischen.

„Amanda! Warte!" rief sie.

Amanda blieb stehen und drehte sich um. „Was ist los?"

„Ich hab' dich schon den ganzen Morgen gesucht", sagte Alison, völlig außer Atem.

„Tut mir leid. Ich hatte ein langes, ergebnisloses Treffen mit Lucy. Sieht so aus, als ob irgendwer Maximum Advantage wegen der BH-Werbung verklagen würde." Sie waren auf dem Weg zu ihren Kabinen.

„Was heißt das für unsere Kampagne?"

„Nichts, hoffe ich wenigstens. Wir machen trotzdem weiter. Mensch, wenn die keinen Spaß verstehen können . . ."

„Ist dann alles wieder in Ordnung zwischen uns? Hat Billy . . ."

„O ja", winkte Amanda ab. „Mach dir keine Sorgen. Ich habe heute morgen mit Billy gesprochen, alles klar. Es war nur . . . na ja, es war blöd. Billy und ich treffen uns am Freitag. Und Alison, es tut mir auch leid, wie ich mich dabei verhalten habe. Es gehören immer zwei dazu, was?"

„Ich glaube schon", gab Alison zu. „Jedenfalls möchte ich mich mit euch beiden wieder versöhnen und euch heute abend zum Essen einladen, wenn ihr Zeit habt. Wir vier könnten uns zusammensetzen, und du könntest Keith kennenlernen, und wir könnten alles vergessen."

„Sicher", sagte Amanda und klang dabei etwas widerwillig. „Das wäre nett, wenn Billy einverstanden ist . . ." Sie waren mittlerweile bei ihren Schreibtischen angekommen.

„Ich ruf' an und frag ihn", schlug Alison vor.

„Ist schon in Ordnung, ich mach' das", widersprach Amanda leicht besitzergreifend. „Ich wollte ihn sowieso anrufen."

Alison lächelte. Es war immer noch etwas gezwungen, aber es wurde langsam besser.

Jake überflog die Stellenangebote. Die Aussicht war trostlos. Eine Firma suchte eine „Schreibkraft" — na, das war vielleicht was für ihn. Er fand ein Angebot für einen Dieselmechaniker, wo er vielleicht bluffen könnte, aber er hoffte auf etwas Richtiges. Pflegerjobs, Heimbetreuungen — es sah so aus, als gäbe es genug Arbeit, wenn man nur bereit war, sich der Toten und Sterbenden anzunehmen.

Es klopfte, und er ging zur Tür. Es war Jo, mit Lebensmitteln beladen, die sie sofort auf dem Küchentisch ausbreitete. Er lachte.

„Tacos, Quesadillas, Chips, tonnenweise Chilisauce und sechs kalte Cervezas", verkündete sie. „Was du sagen, Gringo? Hunger?"

„Ich glaube, ich hab' dir noch nie die Tür aufgemacht, ohne daß du säckeweise Essen angeschleppt hast."

„Was soll ich dazu sagen?" fragte sie, öffnete die Chipstüte und tunkte einen in die Sauce. „Meine Art, mit schlechten Nachrichten fertig zu werden. Ich kann es einfach nicht glauben, daß S und L nicht einsehen, was für eine tolle Investition du bist." Sie machte ein Bier auf und gab es ihm.

„Tja", sagte er und hielt die Stellenangebote hoch. „Hier ist ein Angebot für einen Lagerarbeiter in einem Kaufhaus. Und in Culver City macht die Denny's-Kette ein Restaurant auf, so daß ich immer noch kellnern kann."

„Vergiß es." Sie machte sich auch ein Bier auf und stieß mit seiner Corona-Flasche an. „Wir haben was zu feiern. Ich hab' Charles' Anwalt angerufen. Ich nehm' das Geld doch." Sie prostete ihm zu.

„Gut", sagte Jake. „Dann wird ja wenigstens einer von uns den Winter überleben."

„Ich hab' es aus einem einzigen Grund genommen", stellte sie richtig, während sie sich an den Küchenschrank lehnte. „Ich möchte, daß du es als Anzahlung für den Motorradladen nimmst."

Er nahm sich ein Taco. „Danke, aber das kann ich nicht annehmen."

Sie verdrehte die Augen. „Los, Jake, stell dich nicht an. Was hast du noch gesagt — nur reiche Leute werfen Geld zum Fenster hinaus?"

„Das Geld steht dir zu", sagte er. Vermutlich verdiente sie noch viel mehr, wenn man überlegte, was sie alles über sich ergehen lassen mußte. „Ich brauch' keine Almosen."

„Ich will Geld in ein Unternehmen investieren." Vor Ärger wurde ihre Stimme lauter.

„Scheiße, Jo." Er wurde auch sauer. Wieso fingen sie nur immer so plötzlich an zu streiten, wie ein Blitz aus heiterem Himmel? Er hatte keine Lust, Gegenstand ihres Mitleids zu sein oder, in diesem Fall, von ihr ausgehalten zu werden. „Ich tu' dir leid. Wenn ich das Geld nehme, kaufst du mich, genauso wie du immer gesagt hast, daß Charles dich gekauft hat."

„Das ist nicht wahr!" widersprach sie ihm.

„Wie auch immer. Ich nehm' es nicht."

„Du bist so . . . blöd."

Blöd? Wenn alle Alarmglocken in seinem Kopf läuteten? Wie sollte er das ignorieren? Er hatte 'ne Nase für Unannehmlichkeiten.

„Ich glaube nicht."

Jo tobte. Vielleicht war da irgendwas, was er falsch verstanden hatte. Er hatte nicht andeuten wollen, daß sie irgend etwas anderes als die allerbesten Absichten hätte, aber die ganze Situation war total daneben. Sie packte das Essen wieder zusammen, das sie mitgebracht hatte.

„Ich bin wirklich enttäuscht, Jake. Das macht drei Dollar für die Tacos und zwei für das Bier. Schick's mir, wenn du's hast."

Sie knallte die Tür hinter sich ins Schloß. Er überlegte, ob er hinterhergehen sollte, aber er hätte nichts anderes sagen oder etwas hinzufügen können. So trat er statt dessen gegen die Schranktür und warf seine Bierflasche in den Müll. Was? Was war los? Warum war alles so außer Kontrolle geraten? Die ganze Zeit schon. Warum konnte sie nicht einfach seine Wünsche respektieren? Weil er ihre auch nicht respektiert hatte? Warum konnten sie sich nicht einfach hinsetzen und in Ruhe darüber reden, anstatt einander zu zerfetzen und im Streit auseinanderzugehen? Weil er ein sturer Esel war, der nicht zuhören konnte, schnell beleidigt war, Hilfe ablehnte und in der Regel bei solchen Sachen das Hirn eines Regenwurms besaß. Das würde Jo vermutlich sagen. Das würden sie alle sagen.

Moment mal.

Wenn sie es alle sagten, hatten sie ja vielleicht recht.

12

Flirt oder Liebe?

Was hatte sie sich eigentlich dabei gedacht? Sie hatte doch Amandas „Häuschen" am See gesehen. Sie waren doch in Amandas BMW gefahren. Alison hatte nichts dagegen, wenn Leute ihr Geld legal verdienten und es nach ihrem Gutdünken ausgaben, aber sie wußte, daß das bei Keith, dem Aktivisten, anders war. Und sie hatte mit Keith schon früher Diskussionen über die amerikanische Konsumgesellschaft geführt, darüber, daß für viele Leute das Leben nichts anderes war als ein verlängerter Einkaufsbummel, der mit Windeln anfing und mit dem Sarg aufhörte, ohne irgend etwas von Bedeutung dazwischen — kein intellektuelles Leben und keine geistigen Anstrengungen außer Teleshopping und Versandhauskatalogen. Mit einem Teil seiner Argumente stimmte sie überein, mit anderen dagegen nicht — so oder so hätte sie aber wissen müssen, daß Keith und Amanda sich nicht mögen würden. Dazu kam die Spannung zwischen ihr und Billy in der letzten Zeit — was hatte sie sich eigentlich dabei gedacht, alle zum Essen einzuladen? Daß irgendein Wunder geschehen und sie alle auf einmal zu Freunden würden?

„Eigentlich ist es ganz einfach", hielt Keith Amanda vor. „Die Leute glauben, was ihnen von den Medien vorgebetet wird. Wenn das nicht so wäre, gäb's keine Werbung, und du und Alison hättet keinen Job."

„Du vereinfachst die Dinge fürchterlich, findest du nicht?" entgegnete Amanda.

Alison wußte, daß sie nicht der Typ war, der klein

beigab. Sie wußte auch, daß Keith manchmal zu weit ging, weil es ihm unglaublichen Spaß machte zu diskutieren. „Wir versuchen, die Leute dazu zu bringen, Sachen zu kaufen, das stimmt schon", schaltete sie sich ein.

„Hat irgend jemand *How to Get Ahead in Advertising* gesehen?" fragte Billy. „Diesen unheimlich irren englischen Film — über diesen Werbefachmann, der denkt, er hat 'n Furunkel, an dem er immer wieder herumknibbelt, und dann stellt sich raus, daß es ein zweiter Kopf ist, der ihm aus dem Hals wächst. Und es ist ein böser Kopf, der die Herrschaft über seinen Körper übernimmt."

„Ich habe ihn tatsächlich gesehen, und du hast recht, er war wirklich unheimlich", sagte Amanda. Alison merkte, daß sie das Thema wechseln wollte.

„Er war so gut", betonte Keith, „weil er 'ne Metapher für die Seelenlosigkeit der Werbung und der Massenkultur ist."

„Oh, bitte." Amanda warf ihm einen finsteren Blick zu.

„Ich weiß nicht, Keith", überlegte Alison. „‚Seelenlos' ist vielleicht ein bißchen hart . . ."

„Du hast recht, Alison", stimmte Keith zu, gestikulierte mit seinem Weinglas und verschüttete ein bißchen auf die neue Tischdecke, die Alison extra für diesen Anlaß gekauft hatte. „Ich habe übertrieben, und es tut mir leid. Aber verschließen wir doch nicht die Augen vor den Tatsachen. Die Massenkultur legt auf nichts Wert, was dauerhaft oder gehaltvoll ist. Die Umwelt und das Überleben des Planeten könnte ja ganz populär sein, aber weil kein Geld drin ist, wird's eben nicht vermarktet."

„Und was ist mit der Werbung vom Sierra Club und Earth First?" wandte Amanda ein. „Wo lebst du eigentlich — in einer Steinzeithöhle?"

„Vermutlich", murmelte Billy vor sich hin, sagte es

aber so laut, daß Alison es mitbekam. Keith behauptete immer, daß er nie verletzt wäre, wenn die Leute „ad hominem" mit ihm redeten und ihn „in der Hitze des Gefechts" beleidigten. Das war vielleicht das Irritierendste an ihm.

„Will irgend jemand Kaffee?" fragte sie.

„Das wär' nett."

„Sicher möchte ich einen."

„Billy", bat sie, „könntest du mir eben helfen?"

„Die Umwelt kriegt massenhaft Publicity, aber das ist gar nicht der Punkt", warf Amanda Keith vor. „Du scheinst zu glauben, die Menschen könnten nicht selbst denken. Sie können aber tatsächlich ihre eigenen Entscheidungen treffen."

Noch in der Küche konnte Alison hören, wie Amanda und Keith sich stritten. Billy hielt die Tassen, während Alison den Kaffee einschenkte.

„Kannst du bitte Shamu, den politisch korrekten Wal, zurückpfeifen?" flüsterte Billy. „Meine Ohren tun mir schon weh."

„Sie reizt ihn ja auch", gab Alison zu bedenken.

„Weil er das braucht."

„Geh rein und wechsel das Thema", schlug Alison vor. „Schalt den Fernseher ein oder sonst irgendwas."

„Das hilft bestimmt unglaublich."

„Dann mach Musik an."

„Ich halt' mich da raus, wenn das irgendwie möglich ist", beschloß Billy und ging mit dem Kaffee ins Eßzimmer zurück.

Alison folgte ihm.

„Der Punkt ist genau der, daß die Umwelt nicht irgendwas ist, wozu man ein bißchen extra Werbung machen könnte", sagte Keith, während er zur Untermauerung seiner Argumente an einer Möhre knabberte. „Die Umwelt ist alles. Es ist nicht die Verpackung, in der die Welt zu uns kommt und die wir wegwerfen können — es ist die Erde selbst, und solange Leute wie du nicht aufhören, für zerstörerische und sinnlose Produkte zu werben, werden wir weiterhin unbeirrt in unser Verderben rennen!"

Amanda stand auf, um zu gehen. „Keith, ich will dich ja nicht beleidigen", sagte sie kühl, „aber ich finde deine Argumente so verschroben und aufgeblasen, daß ich kaum Worte dafür finde, und ich bin auch viel zu gelangweilt und zu müde, um es noch zu versuchen."

Keith stand auch auf, vermutlich, um seine gute Erziehung zu beweisen. „Es tut mir leid, daß du das so siehst. Ich versuche nur, ehrlich zu sein."

„Kannst du mich nach Hause bringen, Billy?"

„Sicher", sagte er.

„Vielen Dank für das wunderbare Essen, Alison."

„Nichts zu danken", versuchte sie so fröhlich wie möglich zu antworten. „Danke für deinen Besuch."

Nachdem sie die Tür hinter ihnen geschlossen hatte, lehnte sich Alison dagegen und seufzte, froh, daß diese unangenehme und verwirrende Szene vorbei war. Morgen würde sie wieder Frieden schließen müssen, obwohl sie noch nicht wußte, wie sie das schaffen sollte.

Keith kam zu ihr und blieb kopfschüttelnd vor ihr stehen, als ob er auch nicht verstehen könnte, wie die Dinge so außer Kontrolle hatten geraten können. „Ich habe den Eindruck, daß ich den ganzen Abend kaputtgemacht habe, und das tut mir wirklich leid", sagte er.

„Sei nicht albern", entgegnete sie. „Ich mag es, wenn meine Gäste beleidigt aus dem Haus rennen." Sie küßte ihn auf die Nase. „Los, laß uns saubermachen."

Er half ihr, den Tisch abzuräumen. „Manchmal habe ich eine etwas große Klappe . . .", bekannte er.

„Manchmal bricht auch der Mount St. Helen etwas aus."

„Mir sind diese Sachen aber so wichtig, daß — "

„Amanda hat dich auch angestachelt", verteidigte Alison ihn. „Ich versteh' nicht, was in sie gefahren ist. Normalerweise ist sie gar nicht so. Vielleicht hat Billy irgendwas über dich erzählt, bevor sie hier ankamen. Ich weiß nicht."

„Ja", stimmte Keith zu. „Er hat mich noch nie gemocht. Ich schätze, daß ich nichts anderes tun kann, als nett zu ihm zu sein, bis er seine Meinung ändert."

Komisch, überlegte Alison, daß sie noch am Tag zuvor darüber nachgedacht hatte, wie eine Beziehung mit Billy wohl wäre. Kurz kam ihr der Gedanke, daß sie sich nur mit Keith zufriedengab, weil es bequemer war, aber die Überlegung war so unheimlich, daß sie sie sofort aus ihrem Kopf verbannte. „Um die Wahrheit zu sagen", sagte sie, „bin ich froh, daß sie weg sind."

Er reichte ihr die Kerzenständer vom Tisch. Sie lächelte ihn an. Ihre Hände berührten sich, und es gefiel ihr.

„So haben wir noch 'n bißchen Zeit für uns, um . . . äh . . . uns wieder aneinander zu gewöhnen." Sie drehte ihm den Rücken zu, um die Kerzenständer in den Schrank zu stellen. „Außerdem bin ich weitgehend mit dir einer Meinung, was die Massenkultur und die Umwelt angeht. Werbung sollte sinnvoll eingesetzt werden und nicht nur . . ." Als sie sich wieder umdrehte, stand er dicht hinter ihr. Er legte seine Arme um sie. „. . . die öffentliche Meinung bestätigen", beendete sie den Satz.

Er küßte sie. Als er aufhörte, küßte sie ihn, um sich zu revanchieren. Sie hatte vergessen, wie sehr sie es liebte, ihn zu küssen.

„Du fühlst dich so gut an", sagte sie. Sein Körper war knochig und mager, und doch reagierte er, als sie ihn berührte.

„Du auch", flüsterte er und küßte sie wieder. „Was

hältst du davon, wenn wir eine Studie über die ökologischen Folgen unserer Anwesenheit in deinem Schlafzimmer machen?" Er streichelte ihr Haar.

Sie löste sich aus seiner Umarmung. „Tut mir leid, Keith, noch nicht. Ich brauche Zeit. Ich will nicht schon wieder mitgerissen werden. Ich will Kontrolle darüber haben, wie sich die Dinge entwickeln."

„Kein Problem", sagte er und küßte sie noch einmal kurz, bevor er sie losließ und das Trockentuch nahm. „Ich folge deinen Anweisungen, okay?"

„Du darfst es dir aussuchen."

„Du spülst, ich trockne ab", entschied er. „Weißt du, daß du Punch-Spülmittel verwenden solltest? Das ist das, was sie genommen haben, um nach der Exxon-Valdez-Katastrophe die ölverklebten Wasservögel zu säubern."

„Wenn wir den Punch-Auftrag gekriegt hätten, würden wir es auch nehmen. Laß uns nicht schon wieder damit anfangen. Du trocknest ab, ich spüle."

Amanda und Billy beschlossen, lieber noch auf ein Bier ins Shooters zu gehen, als direkt nach Hause zu fahren.

„Danke, daß du mich da rausgeholt hast, Billy", seufzte Amanda, nahm ihn an der Hand und gab ihm einen Kuß auf die Wange. „Es tut mir leid, daß ich die Beherrschung verloren habe. War ich gehässig? Was meinst du?"

„Nein", beruhigte er sie. „Du warst toll. ‚Verschroben und aufgeblasen' hätte ich selbst nicht besser sagen können. Sieh doch mal, der Typ kann von Glück sagen, daß wir ihm nicht das Herz mit einem Steakmesser amputiert haben."

„Was findet Alison nur an ihm?"

„Da fragst du mich zuviel", sagte er. „Liebe macht blind, schätze ich. Außerdem leiden wir alle unter leichten Entzugserscheinungen." Er zog sie zu sich. Sie wehrte sich nicht.

„Laß uns lieber noch irgendwo einen Kaffee trinken und nicht ins Shooters gehen", schlug er vor.

„Ich habe Kaffee zu Hause." Sie sah zu ihm hoch. Wußte sie eigentlich, daß sie alles mit ihm machen konnte, sobald sie ihn so anschaute? Er würde alles für sie tun. Wäre es schlau, ihr das zu sagen? „Laß uns zu mir gehen."

„Tolle Idee", stimmte er zu. „Rennen wir doch einfach gemeinsam unbeirrt in unser Verderben."

„Genau das, was ich jetzt brauche", sagte sie. Sie küßten sich wieder, langsam, leidenschaftlich, ohne sich durch die vorbeigehenden Leute beirren zu lassen.

Im Fernsehen spielten die Knicks gegen die Suns, aber Jake lag auf der Couch unter dem Sportteil der Zeitung und schlief tief und fest. Er war eigentlich nur weggedöst und konnte immer noch das Quasseln des Kommentators hören, aber trotzdem träumte er schon. Er war genauso alt wie in dem letzten Traum, aber dieses Mal war seine Mutter nicht zu sehen. Es gab eine Tür, und jemand Riesiges stand davor, der wie eine ganze Schnapsbrennerei roch. Es war sein Vater. Er versuchte wegzurennen, aber sein Vater schnitt ihm den Weg ab und legte ihm eine Hand auf die Schulter.

„Ich hau' hier ab, Kleiner", sagte sein Vater. „Vermutlich bist du zu dämlich, um das zu verstehen, aber ich laß mir von niemandem was schenken. Verstehste? Nicht mal den kleinsten Scheiß, und ich brauch' auch keine Almosen. Und du auch nicht, wenn du ein Mann mit Würde werden willst. Verstehste mich?"

Jake schreckte genau in dem Moment auf, als Patrick Ewing einen wuchtigen Dunking von Charles Barkley für ungültig erklärte. Er versuchte, den Traum abzuschütteln und sich auf das Spiel zu konzentrieren, aber er war durcheinander. Die Aussage des Traums war klar. Sein Vater hatte ihn gelehrt, keine Almosen anzunehmen, ein echter Mann zu sein, seinen Stolz zu bewahren – kurz und gut, genau wie er zu sein. Das lief allerdings Jakes Leitsatz zuwider, den er voll und ganz unterschreiben konnte und so oft wie möglich anwendete: Sein Vater hatte unrecht.

An diesem Abend blieben alle Bewohner des Melrose Place lange auf. Jane Mancini saß im Bademantel am Eßzimmertisch und entwarf Kleider, die sie vielleicht eines Tages schneidern würde. Sie hatte eine Freundin, die im nächsten Sommer heiraten wollte und sie gebeten hatte, ihr ein Kleid zu nähen. Sie hatte gehört, daß Rhonda das, was Jane ihr gemacht hatte, vielleicht jetzt doch noch gebrauchen würde, so daß sie alle Hände voll zu tun hatte. Michaels Essen stand auf dem Herd und würde fertig sein, wenn er nach einer weiteren Vierzehn-Stunden-Schicht im Krankenhaus nach Hause kommen würde. Ohne Zweifel würde er es essen, ohne es zu schmecken und sich bei ihr zu bedanken, aber sie hatte beschlossen, so zu kochen, daß man es vierundzwanzig Stunden warmhalten konnte und es trotzdem noch den Gourmet in ihr befriedigte.

Sie hörte ihn an der Tür. Er ließ seine Tasche auf den Boden fallen, als ob Hanteln darin wären, und gab ihr einen Kuß auf die Stirn.

„Tut mir leid, daß ich zu spät komme."

Sie küßte ihn zur Begrüßung. „Ist schon in Ordnung. Ich habe dein Essen warmgehalten. Setz dich hin, leg die Füße hoch. Setz dich an den Couchtisch. Ich massier' dir die Füße, wenn du gegessen hast."

Michael setzte sich hin und wurde plötzlich argwöhnisch. „Warte mal 'nen Moment – was ist los, Schatzi? Ich meine ‚Baby'. Liebes. Mrs. Mancini."

Jane brachte ihm einen Teller voll Muschelnudeln mit

einer Füllung aus Ricottakäse und Kräutern. Sie steckte ihm eine Serviette in den Kragen und legte ihm das Besteck hin.

„‚Schatzi' ist wunderbar", beruhigte sie ihn. „Die Nudeln sind aus der Tiefkühltruhe, aber wirklich lecker. Willst du 'n Bier?"

„Na gut, gerne", sagte er mißtrauisch. Entweder hatte sie richtig schlechte oder richtig gute Nachrichten für ihn, überlegte er. Wenn es schlechte wären, sollte er vielleicht zuerst essen — schlechte Nachrichten verdarben ihm immer den Appetit.

Sie saß ihm gegenüber und hatte die Beine übereinander geschlagen. „Los, iß."

Er aß.

„Gut?"

Er nickte.

„Okay", legte sie los. „Ich schlag' dir einen Deal vor. Ich habe den ganzen Tag darüber nachgedacht, was heute im Club passiert ist und wie wir den Morgen begonnen haben . . ."

„Weißt du, ich habe darüber schon mit Levin gesprochen —"

„Iß dein Abendbrot und laß mich ausreden. Also, ich hab' mir überlegt, daß ich nicht versuchen sollte, deine Art zu reden zu ändern. So bist du eben. Und ich hab' mich in dich und nicht in John Wayne verliebt. Also nenn mich Schnutzi-Putzi oder Schnuffelchen oder Arschnase oder wie auch immer. Okay?"

Er nickte. Nun kam der unangenehme Teil.

„Und ich kann nicht die Country-Club-Arztfrau werden. Zumindest noch nicht. Wir sind zu jung für so was, also laß uns die Dinge für 'ne Zeitlang noch so belassen, wie sie sind, okay?"

„Okay."

Sie war erstaunt. „Einfach so?"

Er schluckte erst einen Bissen runter, bevor er

sprach. Wenn die Leute sie manchmal fragten, wie das Eheleben so lief, erzählte Jane ihnen, daß sie ihm immerhin beigebracht hatte, nicht mit vollem Mund zu reden.

„Ich habe von Levin heute die genaue Beitragshöhe für ‚Junioren' erfahren", berichtete Michael. „Es ist mehr als 'ne Jahresmiete, selbst für Einsteiger wie uns. Ich hab' ihm gesagt, er soll's vergessen." Er sah sie an. „Und außerdem hast du da draußen unglücklich ausgesehen. Auch wenn du uns gnadenlos abgezogen hast."

„Das hat mir gefallen", sagte sie. „Aber der Rest . . ."

Er bot ihr eine Frikadelle an, die er auf die Gabel gespießt hatte. „Fleischklops?"

„Nein danke."

„Nein, Fleischklops", stichelte er. „Das ist mein neuer Kosename für dich. Fleischklöpschen. Kleines Schnuffel-Schatzi-Schnutzi-Putzi-Häschen-süßes-Fleischklöpschen-mit-Sprenkeln-oben-drauf. Abgekürzt Fleischklöpschen."

„Okay, Arsch-mit-Ohren, wenn du darauf bestehst . . ."

Jo las gerade die *Glamour*, als es an der Tür klopfte. Es war schon nach Mitternacht, was bedeutete, daß es nur eine einzige Person sein konnte. Sie hörte es wieder klopfen und ging zur Tür. Es war Jake.

„Hast du mal eine Minute Zeit?" fragte er.

Sie überlegte. „Komm rein", sagte sie schließlich. Sie ging zu ihrem Sessel, aber er blieb in der Tür stehen.

„Also gut", stammelte er. Entschuldigungen fielen ihm immer schwer, obwohl er am Ende immer besser aussah, fand sie. „Ich war eben ziemlich gemein, und es tut mir leid."

„Ist schon in Ordnung. Aber ich will nicht schon wieder mit dir darüber streiten, wenn's dir recht ist."

„Ich will mich nicht streiten", stellte er richtig und setzte sich auf die Couch. „Ich will dir nur was erklären. Unten ist mir eben einiges klargeworden. Ich erinnere mich daran, wie mein Vater immer sauer war, und ich wußte eigentlich nie, warum. Ich dachte, er wär' als Arschloch geboren. Mir ist, glaube ich, klargeworden, daß es daran lag, daß er Angst hatte. Angst davor, irgendwas von irgendwem anzunehmen, und Angst davor, irgendwas geben zu müssen ..."

Er sah Jo an, daß sie ihm aufmerksam zuhörte.

„Jedenfalls", fuhr Jake fort, „ich schätze, daß er es geschafft hat, mir 'n bißchen von dieser Angst abzugeben." Er schluckte und spürte einen Kloß im Hals. Vielleicht meinte man dieses Gefühl, wenn man sagte, man müsse seinen Stolz runterschlucken. „Also, gilt dein Angebot noch?"

Ein Lächeln huschte über ihr Gesicht. „Natürlich."

Er spürte, wie sein Herz raste. „Das ist 'ne Investition für dich, oder? Du willst wirklich dein Geld in mich und in Motorräder investieren?"

„Ja, Jake", antwortete sie. „Gott, das ist der einzige Grund, warum ich das Geld angenommen habe." Er breitete die Arme aus, und sie rannte zu ihm und sprang auf seinen Schoß. Sie küßten sich.

„Meine Güte!" schwärmte sie. „Wir machen zusammen Geschäfte!"

„Wir müssen zu 'nem Anwalt gehen und es offiziell machen. Ich weiß zwar gar nicht genau, was wir regeln müssen, aber ich weiß, daß wir die Dinge geregelt kriegen müssen. Wir müssen das richtig machen. Wenn wir's versauen, weil wir zu naiv sind, haben wir niemanden außer uns selbst, dem wir die Schuld geben können."

„Natürlich." Sie küßte ihn wieder. „Was immer du willst. Erzähl mir aber mal, weshalb du Dickkopf deine Meinung geändert hast."

„Ist noch was von dem mexikanischen Essen da?" lenkte er ab. Er hatte zwar seine Meinung geändert, aber er würde mit den Erklärungen noch ein bißchen warten. Ein wenig Stolz war ihm schließlich noch geblieben. „Ich hab' nur ein Taco gekriegt."

„Klar. Ich bin stolz auf dich, Jake."

Sie sah ihm lange in die Augen und er in ihre, und in dem Moment wußte Jake, daß diese Frau bei ihm bleiben und mit ihm durch dick und dünn gehen würde und daß sie ihn niemals verlassen würde. Was immer auch geschehen würde, sie würden fest zusammenhalten, etwas, worauf er sich zum ersten Mal in seinem Leben verlassen konnte.

„Ich hab' 'ne Idee", sagte er. „Vergiß Mexiko. Ich lade dich heute nacht zu was ganz Besonderem ein."

Er nahm seinen Helm, seine Lederjacke und den Ersatzhelm für Jo. Sie donnerten auf seinem Motorrad in die Nacht, hielten nur an einem Getränkemarkt zwei Minuten weiter die Straße runter und parkten die Maschine dann vor einem anderen Gebäude in der Nähe. Das Schild draußen an der Tür lautete immer noch „Rusty's Chop Shop", aber nicht mehr lange.

Drinnen zündete Jake einen Butanbrenner als Ersatz für eine Kerze an, entkorkte den Champagner und goß ihn in die tütenförmigen Pappbecher, die neben dem Boiler standen. Er prostete ihr mit seinem Becher zu. Sie hob ihren, ohne ein Wort zu sagen.

Sie tranken.

„Also", sagte Jake schließlich, „bist du jetzt so was wie ein stiller Teilhaber, oder was?"

„Ganz genau, Mr. Hanson", lachte sie. „Jedenfalls so still, wie es mir möglich ist."

Sie tranken wieder.

Kurze Zeit später wurde das Unternehmen etwas angemessener gefeiert. Keiner von beiden war dabei besonders still.

Amandas Wohnung in den Hollywood Hills bot mit seinen Oberlichtern und Balkonen eine wunderschöne Aussicht auf das unten liegende Tal und die Sterne über ihnen. Billy hatte seinen Kaffee mit zum Fenster genommen, um auf die Stadt hinauszustarren. Manchmal überlegte er sich, daß es sein einziges Ziel als Schriftsteller war, eines Tages die perfekte Beschreibung der Stadt bei Nacht hinzukriegen, wie etwas so Feindliches und Häßliches ein so wunderschönes Licht ausstrahlen und so anders aussehen konnte, wenn man es aus der richtigen Perspektive betrachtete. Er hörte, wie sich Amanda hinter ihm bewegte.

„Du hast recht, Amanda", sagte er, ohne seinen Blick abzuwenden. „Diese Aussicht ist atemberaubend."

„Ist nicht schlecht", stimmte sie zu, „aber was ist mit dieser?"

Billy drehte sich um und sah Amanda in der Tür zum Schlafzimmer in einem atemberaubenden, burgunderfarbenen Negligé stehen. Er schnappte buchstäblich nach Luft.

„O mein Gott", stammelte er.

Selbstbewußt ging sie zu ihm, nahm ihm die Kaffeetasse aus der Hand und stellte sie auf den Tisch. „Das war nur dafür gedacht, daß du nicht einschläfst." Sie schob ihn auf die Couch. Als ob das bei seinen weichen Knien nötig gewesen wäre. Sie küßte ihn. „Gefällt es dir?" fragte sie.

„Oh, ja", antwortete er. „Um die Wahrheit zu sagen, habe ich bisher nur mit Frauen geschlafen, die T-Shirts oder Fußballtrikots im Bett anhatten."

„Komm mit", sagte sie und führte ihn ins Schlafzimmer. Die Bettdecke war zurückgeschlagen, die Laken waren aus reiner weißer Baumwolle, das Bett ein antikes Himmelbett − alles in allem war er dem Paradies noch nie so nahe gewesen. Sie drehte ihn um und schubste ihn aufs Bett, worauf er begann, sein Hemd aufzuknöpfen. Er wußte, daß es kein Zurück mehr geben würde, sobald sie sich einmal geliebt hätten. Er hatte warten wollen, bis sich die Dinge mit Alison geklärt hatten, bevor er mit Amanda ins Bett ging, aber nun, da Keith zurückgekommen war, hatte es keinen Sinn mehr zu warten. Überhaupt keinen Sinn mehr.

„Schluß mit Fußballtrikots", sagte Amanda lächelnd, „du bist jetzt mit einer Frau zusammen . . ."

Sie küßte ihn wieder − ein langer, forschender, überwältigender Kuß, der ihn atemlos und schwindlig machte.

„Das wurde auch Zeit", flüsterte er.

Amanda streifte ihr Negligé von der Schulter und entblößte die obere Wölbung ihrer Brust. Wenn sie nur halb so erregt wie er war, war sie doppelt so erregend wie alle anderen Frauen, die er jemals gekannt oder von denen er geträumt hatte, und das letztere waren bestimmt ein paar Dutzend gewesen.

„Mußt du Alison anrufen, um ihr zu sagen, daß du heute nacht nicht nach Hause kommst?" fragte sie, als sie ihr Negligé über den Kopf zog.

„Alison? Wer ist Alison?"

„Beverly Hills, 90210!" ist die erste Superserie der Neunziger! Millionen von Teenagern überall auf der Welt fiebern Woche für Woche der nächsten Episode entgegen. Endlich nimmt eine Serie die Probleme von Jugendlichen einmal ernst und scheut auch vor heiklen Themen nicht zurück. Sogar einige Eltern riskieren ab und zu einen Blick. Manche halten „Beverly Hills, 90210" allerdings für zu realistisch, nichts für ihre Unschuldsengel!

Was zuletzt geschah:

Mel Gilden
Beverly Hills, 90210
Frühlingsstürme
Roman

Mel Gilden
Beverly Hills, 90210
Schwere Entscheidungen
Roman

Lawrence Crown
Beverly Hills, 90210
Brendas Rivalin
Roman

Mel Gilden
Beverly Hills, 90210
Riskantes Spiel
Roman

Mel Gilden
Beverly Hills, 90210
Countdown in Beverly Hills
Roman

Mel Gilden
Beverly Hills, 90210
Good Bye, West Beverly High
Roman

Alle Titel nur bei:
vgs verlagsgesellschaft Köln